全国职业院校技能大

U0590333

手工沙盘应用教程

SHOUGONG SHAPAN YINGYONG JIAOCHENG

新准则 新税率

主 编 吴道华 吴 静 陶 文 何明宇
副主编 杨利民 王 卓 岑心洁 黎嘉伟

★
新形态
教材

· 本书另配教学资源

中国教育出版传媒集团
高等教育出版社·北京

内容提要

本书是全国职业院校技能大赛资源教学转化成果。

本书采取任务驱动的编写理念，以企业经营过程为主线编制学习内容，共包括 7 个项目，即认知沙盘、组建团队、规则与预测、经营分析、经营点评、后台操作讲解、延展学习以及 3 个附录，即规则快查表、学员手册和认知沙盘教具。本书每个项目中的"知识目标"和"技能目标"明确了学习要求；"引导案例"融入思政教育；"任务引例"通过风趣的故事告诉学生管理的哲理；"知识准备与业务操作"传递做的指导和学的知识。此外，为利教便学，本书另配有教学课件、沙盘分析工具等教学资源，供教师教学使用。

全书结构清晰、图文并茂、深入浅出、生动活泼，可作为高等职业教育财经商贸大类专业的教学用书，也可作为社会相关人员培训用书。

图书在版编目(CIP)数据

手工沙盘应用教程 / 吴道华等主编. —北京：高等教育出版社，2023.1

ISBN 978 - 7 - 04 - 059519 - 2

Ⅰ. ①手… Ⅱ. ①吴… Ⅲ. ①企业管理–计算机管理系统–高等职业教育–教材 Ⅳ. ①F272.7

中国版本图书馆 CIP 数据核字(2022)第 202151 号

策划编辑	毕颖娟 李 晶	**责任编辑** 李 晶 蒋 芬	**封面设计**	张文豪
责任印制	高忠富			

出版发行	高等教育出版社	网　　址	http://www.hep.edu.cn
社　　址	北京市西城区德外大街 4 号		http://www.hep.com.cn
邮政编码	100120	网上订购	http://www.hepmall.com.cn
印　　刷	江苏德埔印务有限公司		http://www.hepmall.com
开　　本	787mm×1092mm　1/16		http://www.hepmall.cn
印　　张	13.25		
字　　数	306 千字	版　　次	2023 年 1 月第 1 版
购书热线	010-58581118	印　　次	2023 年 1 月第 1 次印刷
咨询电话	400-810-0598	定　　价	30.00 元

本书如有缺页、倒页、脱页等质量问题，请到所购图书销售部门联系调换

前　言

本书是全国职业院校技能大赛资源教学转化成果。

本书以新道手工沙盘为载体,模拟企业经营环境,让学生身临其境,以团队合作的方式运营一个企业,体验企业经营的规则与挑战,承担企业经营的风险与责任。除了帮助学生理解企业的业务信息,本书还让学生结合其他课程知识进行数据分析,锻炼学生收集信息、分析信息的能力。实践表明,本书仿真性的教学内容、体验式的教学方式、充满挑战的学习过程让学生收获颇丰。

本书具有以下特点:

(1) 立德树人,铸魂育人。教育是国之大计、党之大计。本书积极引导学生学习党的二十大精神,在素养目标的引领下,结合各项目引导案例与案例思考,将社会主义核心价值观教育、创新创业教育、大国工匠精神培养、中华优秀传统文化教育和职业态度教育等渗透各个项目的学习中,让学生在工作技能的形成中自然接受正确的思想引导,落实立德树人根本任务,培养德智体美劳全面发展的社会主义建设者和接班人。

(2) 岗课赛证,融通育人。本书根据职业技能等级标准和教育部专业教学标准要求,将全国大学生"新道杯"沙盘模拟经营大赛(高职组)、全国职业院校技能大赛沙盘模拟企业经营赛项(中职组)规程内容有机融入教材,以管理会计中的"战略管理、预算管理、成本管理、运营管理"内容为核心,以模拟企业经营为依托,以企业管理岗位需求为驱动,按"线上学习、线下经营,做中学、学中悟"的思路来设计教学,培养学生的管理能力和职业素养。

(3) 课题研究,理论支撑。本书为中国高等教育学会专项课题《基于类型教育特征的职业院校财经商贸类教材开发的探索与研究》的课题成果之一。

(4) 校企合作,共同编写。本书以新道手工沙盘为载体,在用友新道科技有限公司的大力支持下,在编者所在院校的教学实践及教改成果的支撑下得以完成。

(5) 体例新颖,形式活泼。本书每个项目设有【引导案例】【知识导图】【任务引例】【岗位说明】【赛题链接】【项目小结】【项目训练】等栏目。全书通过"知识目标"和"技能目标"明确学习要求;"引导案例"融入思政教育;"任务引例"通过风趣的故事告诉学生管理的哲理;"知识准备与业务操作"传递做的指导和学的知识。全书体例新颖,形式活泼,学做合一,有利于吸引学生兴趣。

为利教便学,本书部分学习资源(如微课视频)以二维码的形式提供在相关内容旁,可扫码获取。本书另配有教学课件、沙盘分析工具等教学资源,供教师教学使用。

　　本书由吴道华、吴静、陶文、何明宇主编,参与编写的人员有杨利民、王卓、岑心洁、黎嘉伟。本书最终成稿还得益于许多专业人士的指导与积极参与,在此表示深深的谢意。

　　由于作者水平有限,书中难免有疏漏之处,敬请读者批评指正。

编　者

2023 年 1 月

目　录

项目一　认 知 沙 盘

教学目标

◆ 知识目标

1. 了解沙盘的发展史。

2. 理解制造企业的运营流程。

◆ 技能目标

1. 对开办企业有初步的认识。

2. 能利用资产负债表理解财产的变化情况。

◆ 素养目标

1. 感悟先人的智慧,树立文化自信,培养家国情怀。

2. 培养实事求是的科学态度。

知识导图

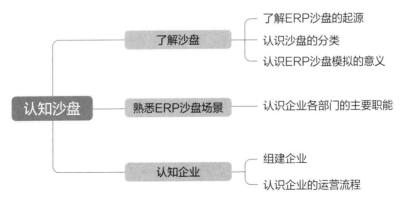

1

引导案例

聚米为山

"聚米为山"这个故事出自《后汉书·马援列传》,原文记载:八年,帝自西征嚣,至漆,诸将多以王师之重,不宜远入险阻,计犹豫未决。会召援,夜至,帝大喜,引入,具以群议质之。援因说隗嚣将帅有土崩之势,兵进有必破之状。又于帝前聚米为山谷,指画形势,开示众军所从道径往来,分析曲折,昭然可晓。帝曰:"虏在吾目中矣。"明旦,遂进军至第一,嚣众大溃。

原文讲的是,在东汉建武八年(公元 32 年),汉光武帝征讨陇西的隗嚣,召名将马援商讨进军战略。马援认为隗嚣将帅不合,出兵必胜,他用米堆积成西部地形,指画进兵线路,在战术上作了详尽的分析,刘秀顿时感觉胜利在望。马援"聚米为山"是此战取胜的重要原因之一,这在古今战争史上是一个创举,也是中国历史上军事沙盘的雏形。

案例思考

在战场上,军事指挥官在实战前会通过沙盘推演,做到运筹帷幄,决胜千里。市场形势变化同样是风云诡谲,ERP 沙盘则是以实战理念让参与者在变幻莫测的市场中体会激烈的商场竞争。

任务一　了解沙盘

企业模拟经营手工沙盘翻转课堂活动设计表格

沙盘课程工具 **V4.0**
(8 组用友专用比赛)

【任务引例】

我们以一个日常生活情境,来模拟演示沙盘中的企业经营环节。

一天中午,在外的丈夫给家里的太太打电话:"亲爱的,晚上我想带几个同事回家吃饭,可以吗?"(**订货意向**)

妻子:"当然可以。来几个人?几点来?想吃什么菜?"

丈夫:"6 个人,我们 7 点左右回来,准备些酒、凉菜、烤鸭、番茄炒蛋、蛋花汤……你看可以吗?"(**商务沟通**)

妻子:"没问题,我会准备好的。"(**订单确认**)妻子记录下需要做的菜单(**Master Production Schedule,MPS 计划**)和具体要准备的东西:鸭子、酒、番茄、鸡蛋、调料……(**Bill of Material,BOM,物料清单**),发现需要 1 只鸭子、5 瓶酒、10 个鸡蛋……(**BOM 展开**)。其中,炒蛋需要 6 个鸡蛋,蛋花汤需要 4 个鸡蛋(**共用物料**)。妻子打开冰箱一看(**库房**),家里只剩下 2 个鸡蛋(**缺少原料**),于是出门采买鸡蛋。

小贩:"鸡蛋 1 个 1 元,半打 5 元,1 打 9.5 元。"

妻子:"我只需要 8 个鸡蛋,但这次买 1 打。"(**经济批量采购**)

妻子:"这有一个坏的鸡蛋,请换一个。"(**验收、退料、换料**)

妻子回到家中,准备洗菜、切菜、炒菜……(**工艺路线**),厨房中有燃气灶、微波炉、电饭煲……(**工作中心**)。妻子发现拔鸭毛最费时间(**瓶颈工序,关键工艺路线**),自己用微波炉做烤鸭可能来不及(**产能不足**),于是打算在楼下的餐厅里买现成的烤鸭(**产品委外**)。

下午 4 点,妻子接到儿子的电话:"妈妈,晚上几个同学想来家里吃饭,您帮忙准备一下。"(**紧急订单**)"好的,你们想吃什么,爸爸晚上也有客人,你愿意和他们一起吃吗?""菜单您看着办吧,但一定要有番茄炒鸡蛋,我们不和他们一起吃,晚上 6 点半左右回来。"(**不能并单处理**)"好的,肯定让你们满意。"(**订单确定**)

妻子发现鸡蛋又不够了,于是打电话叫小贩送来(**紧急采购**)。晚上 6 点半,一切准备就绪,可烤鸭还没送来,妻子急忙打电话询问:"我是李太太,怎么订的烤鸭还不送来?"(**采购委外单跟催**)

"不好意思,送货的人已经走了,可能是堵车吧,马上就会到的。"

门铃响了。"李太太,这是您要的烤鸭。请在单上签字。"(**验收、入库、转应付账款**)

晚上 6 点 45 分,女儿打来电话:"妈妈,我想现在带几个朋友回家吃饭可以吗?"(**紧急订购意向,要求现货**)"不行呀,女儿,今天妈妈已经需要准备两桌饭了,时间实在来不及,真的非常抱歉,下次早点说,一定给你们准备好。"(**ERP 的使用局限,要有稳定的外部环境和必要的提前期**)送走了所有客人,疲惫的妻子坐在沙发上对丈夫说:"亲爱的,现在咱们家请客的频率非常高,应该要买些厨房用品了(**设备采购**),最好能再雇个保姆(**人力资源缺口**)。"

丈夫:"家里你做主,需要什么你就去办吧。"(**通过审核**)

妻子:"还有,最近家里花销太大,你去银行取些钱来补贴一下。"(**应收货款催款**)

每一个管理家庭事务、操持家事的人都是擅长统筹管理的好手。让我们一起走进沙盘的世界,从了解沙盘开始开启属于你的商战之旅,创造自己的无限可能吧!

【知识准备与业务操作】

"沙盘"一词起源于军事,它可以根据地形图、航空照片或实地地形,按一定的比例尺,用泥沙、兵棋等制作的模型来模拟战场的地形及武器装备的部署情况,是结合战略、战术的变化进行推演的工具。

【工作任务一——了解 ERP 沙盘的起源】

沙盘作业不仅在现代战争中经常使用,在我国古代冷兵器作战时,沙盘就已经开始使用了。引导案例中提到的马援"聚米为山"的事迹即为中国历史上最早的军事沙盘雏形。

沙盘在国外最早出现于 1811 年。当时,普鲁士国王腓特烈·威廉三世的文职军事顾问冯·莱斯维茨,用胶泥制作了一个精巧的战场模型,用颜色把道路、河流、村庄和树林表示出来,用小瓷块代表军队和武器,陈列在波茨坦皇宫里,用来进行军事游戏。后来,莱斯维茨的儿子利用沙盘、地图表示地形地貌,用各种标志表示军队和武器的配置情况,按照实战方式进行策略谋划。这种"战争博弈"就是现代沙盘作业的雏形。

19 世纪末和 20 年代初,沙盘主要用于军事训练,其灵活性、针对性及有效性的特点,极大地满足了各国军事训练和教学的要求。直到第一次世界大战后,沙盘才开始在其他领域中得到运用。

1978年瑞典皇家理工学院的 Klas Mellan 开发了企业运营沙盘实验之后,哈佛商学院借鉴了其沙盘推演的理念,逐渐完善了之后享誉世界的"哈佛情景教学"模式,沙盘模拟训练的雏形应运而生。随着这种体验式培训教学方式的不断发展,角色扮演、情景模拟、工具软件和点评内涵等环节与工具的相应完善,沙盘模拟训练在20世纪80~90年代,风靡欧美和日本的企业管理培训界和高等教育界,并成为世界五百强企业中高层管理人员首选的企业经营管理培训课程。现在国际上许多知名的商学院(如哈佛商学院等)和一些管理咨询机构都通过 ERP 沙盘模拟演练,对职业经理人、工商管理硕士(MBA)和经济管理类学生进行培训,以期提高他们在实际经营环境中决策和运作的能力。

20世纪80年代初期,该课程被引入我国,率先在企业的中高层管理者培训中被使用并得到快速发展。21世纪初,用友软件公司率先将沙盘实验引入中国高校 ERP(Enterprise Resource Planning)教学实验中,经过消化、吸收、改进,推出了新的教具和分析软件,将其命名为"用友 ERP 沙盘企业经营模拟仿真对抗实验",而后国内一些知名软件厂商也开始积极探索沙盘模拟,并推出了相应的"ERP 沙盘模拟"工具,为沙盘模拟的应用和推广做出努力。目前,众多本科院校、高职院校都陆续引进沙盘模拟课程,供管理类课程教学所用。从2005年至2020年,用友软件连续举办了十六届全国大学生 ERP 沙盘对抗赛,参与的大学生越来越多,比赛的规模也不断壮大,成为国内企业界具有一定影响力的沙盘模拟大赛。

【工作任务二——认识沙盘的分类】

1. 按照沙盘的不同用途分类

(1)军事沙盘。军事沙盘在工作任务一中已作介绍,其是沙盘的最早起源。军事沙盘模型如图1-1所示。

(2)建筑沙盘。建筑沙盘是应用最广泛的沙盘形式,主要用于建筑施工和项目展示,方便向他人介绍项目整体规划和建设效果,提供视觉性的直接认知,增进对项目的了解。建筑沙盘模型如图1-2所示。

(3)教学沙盘。教学沙盘是一组为配合课程教学开发的具有特定用途的教具。从经济管理领域来看,企业经营管理沙盘包括企业要素、市场要素和规则要素三部分。

2. 按照沙盘的不同载体分类

(1)物理沙盘。物理沙盘是运用各种替代标志在模拟盘面上进行推演的工具,物理沙盘模型如图1-3所示。其特点是生动直观,便于了解;缺点是在实际推演过程中很难进行精确监控。

(2)电子沙盘。电子沙盘是运用软件技术在计算机上实现推演的工具,与物理沙盘相比,电子沙盘更为抽象,但在推演过程中具有很强的规范性,便于实现精确的整体控制。例如国际企业管理挑战赛(Global Management Challenge,简称 GMC)所使用的仿真模拟系统、北京大学王其文教授开发的"企业竞争模拟"系统、用友新道公司开发的创业者和新商战平台等都是典型的电子沙盘。电子沙盘以新道创业者沙盘系统为例,如图1-4所示。

图 1-1　军事沙盘模型

图 1-2　建筑沙盘模型

1

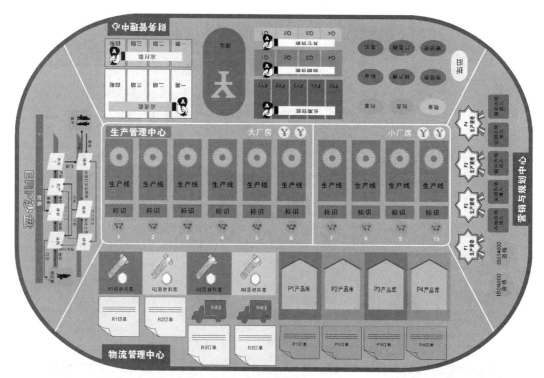

图 1-3 物理沙盘模型

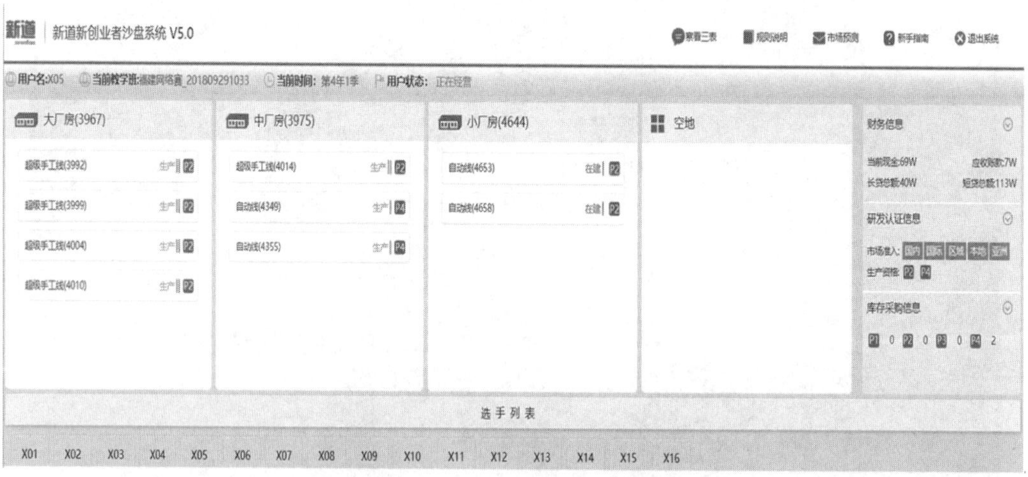

图 1-4 新道创业者沙盘系统 5.0

我国于 20 世纪 80 年代初期引入沙盘系统,发展到现今,已经过三代。第一代沙盘采用物理沙盘,即手工操作;第二代沙盘主要采用物理沙盘加 Excel 表的混合操作模式,也有采用参数设置的纯电子沙盘;第三代企业经营管理沙盘系统是棋盘类沙盘和软件模拟类沙盘结合的操作模式。

1

【工作任务三——认识 ERP 沙盘模拟的意义】

被誉为"现代管理学之父"的彼得·德鲁克认为：管理是一种实践，其本质不在于"知"而在于"行"；其验证不在于逻辑，而在于成果。可见管理教学中实践的重要性，但在管理教学中引入实践学习，多年来一直缺乏有效的手段。

企业管理者需要两类知识：① 言传性知识，可以通过语言或文字来传递；②意会性知识，只能通过实践来领悟。传统管理教学手段显然只能提供言传性知识，然而社会需要掌握两类知识的管理人才，意会性知识的运用在管理实践中尤为重要。ERP 沙盘模拟的培训定位正是辅助学生理解、掌握意会性知识。

可以用刘树良老师的知识立方体图(图 1-5)来说明 ERP 沙盘模拟的意义。该图通过知识宽度、实践性、管理层次三个维度，将人才分成两大类八种。

图 1-5 中，三条坐标轴分别代表知识宽度、实践性、管理层次。知识宽度轴越延伸，代表知识维度越宽阔，反之，则说明知识面更具单一性，我们以"专""宽"分别代表知识宽度的两个方面。实践性轴越延伸，代表实践性强，反之则更偏重理论性，我们以"理""实"分别表示"注重实践"和"偏重理论"。管理层次维度以"高""低"分别表示坐标轴的不同方向。

前文提到，企业管理者需要掌握言传性知识、意会性知识两类知识。以这两类知识为区分，可将人才划分为以下 A～H 八种不同分类。

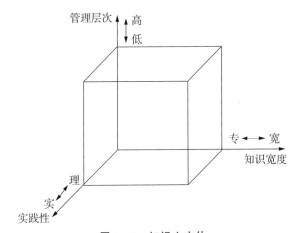

图 1-5　知识立方体

(1) 言传性知识为主：

A：专—理—低，低层次专家。

B：专—理—高，学术专家。

C：宽—理—低，低层次杂家。

D：宽—理—高，学术权威。

(2) 意会性知识为主：

E：专—实—低，低层职能人员。

F：专—实—高，高层职能经理。

1

G：宽—实—低，小企业经理。

H：宽—实—高，高层经营管理者。

ERP 沙盘模拟是一种体验式教学，融角色扮演、案例分析和专家诊断于一体，让学生身处企业高层领导的位置来分析、处理企业面对的战略制定、组织生产、整体营销和财务结算等一系列问题，亲身体验企业经营过程中的"酸、甜、苦、辣"。其目的是通过这种教学手段使学生领悟企业高层管理者所应掌握的"意会性知识"。管理教学中较为常用的案例教学主要是通过各抒己见来相互学习、借鉴，通过比较分析不同静态案例与决策方案来获取知识。而 ERP 沙盘模拟是亲身体验的学习模式，通过对一系列动态案例进行连续不断的分析与决策来获取知识，并且可以获得决策的结果反馈。两种学习方法的效果优劣是不言而喻的。

ERP 沙盘模拟是一种综合训练。学生可以将所学的各种知识应用到经营过程中，其综合能力将获得提高。ERP 沙盘模拟涉及战略管理、市场营销、生产管理、物流管理和财务会计等不同维度的知识，而传统的教学体系中是没有类似课程的。

ERP 沙盘模拟也是一种选拔人才的手段。企业在选拔经营管理人才时，可通过观察应聘者在参与模拟活动中的表现来确定适合的人选。中央电视台的"赢在中国"节目正是应用沙盘模拟手段来选拔创业人才的。

ERP 沙盘模拟将企业经营活动合理简化，反映了企业的经营本质，让学生在这个模型上进行实践演练，为管理实践教学提供了良好的手段。

任务二　熟悉 ERP 沙盘场景

【任务引例】

空旷场地上，身穿迷你一体化背包、手持万向电磁感应枪、头戴 VR 头盔的玩家，正在左突右冲，上蹿下跳……仿佛已经离开现实世界，抵达科幻片中的外星球……仿佛置身于战场，身处与敌人厮杀的淋漓酣畅中……仿佛瞬间化身为生化危机里的孤胆英雄，整装上阵，力挽狂澜……

这是虚拟现实主题公园，更确切地说是一种"全体感游戏"乐园，通过结合空间定位、动作捕捉与虚拟现实技术创造出全新的娱乐模式。玩家通过头部、四肢的运动参与游戏中，玩家在体验区可以自由行动，而位置移动与肢体动作能够真实地被影射到游戏场景中，让玩家拥有真正的身临其境之感。

ERP 沙盘创造了一个高度仿真的商业环境，学员通过扮演企业的经营管理者，操作 ERP 沙盘，按流程完成模拟企业的自主经营活动。经营效果的评价标准是财务及生产经营指标的结果。

【知识准备与业务操作】

人类生活的方方面面都需要分工与协作。大到社会国家，小到工厂家庭，莫不如此。

组织分工管理制度是现代企业管理中的主要管理制度之一。本任务以 ERP 沙盘教具为载体,学生通过扮演企业的经营管理者,认识模拟企业的组织结构和各部门的主要职能。

组织结构是组织的全体成员为实现组织目标,在管理工作中进行分工协作,在职务范围、责任、权利方面所形成的结构体系。

组织结构是组织在职、责、权方面的动态结构,其本质是为实现组织战略目标而采取的一种分工协作体系,组织结构会随着组织的重大战略调整而调整。

【工作任务——认识企业各部门的主要职能】

ERP 沙盘模拟课程的实践操作是在沙盘的盘面上进行的,将所有人分为若干组,每组各代表一个虚拟公司,每组 5~8 人,分别担任不同职务。在连续的 6 个会计年度内,每组根据市场预测和竞争对手的变化,灵活调整战略,从争取订单到原料采购,从生产规划到产品交付,从成本核算到报表编制,模拟企业的业务流程。在一个信息对称的市场环境下,经营这个覆盖了企业运营所有环节(战略规划、市场营销、生产组织、采购管理、库存管理、财务管理等)的虚拟企业,从而直观地感受企业经营的艰辛。每组成员的企业经营策略执行情况和运行结果将通过盘面体现出来。沙盘的盘面按照制造企业的部门划分了职能中心,包括营销与规划中心、生产管理中心、物流管理中心和财务管理中心,各职能中心简介如表 1-1 所示。营销与规划中心、生产管理中心、物流管理中心和财务管理中心的沙盘盘面如图 1-6 至图 1-9 所示。各职能中心综合起来就是一个制造企业的缩影。

表 1-1 各职能中心简介

职能中心	运营环节	主要职能	简要说明
营销与规划中心	战略规划市场营销	市场开拓规划	确定企业需要开发哪些市场,市场开拓完成后,才可进入该市场销售
		产品研发规划	确定企业需要研发的产品,产品研发完成后,才可生产该产品
		ISO 认证规划	确定企业需要的资格认证,ISO 认证完成后,才可使用该资格
生产管理中心	生产组织	厂房	厂房可用来放置购买的生产线,其价值在右上角处表示
		生产线	企业已经购置的生产设备,其价值在下方"生产线净值"内表示
		产品标识	表示企业正在生产的产品
物流管理中心	采购管理库存管理	采购提前期	表示采购原材料要提前下订单的周期
		原材料库存	表示原材料的库存价值,每个价值为 1 W①(万元)

---

① 本书中出现的金额单位"W"为沙盘系统中的通用用法,等同于"万元"之义。全书同。

续 表

职能中心	运营环节	主要职能	简要说明
物流管理中心	采购管理 库存管理	原材料订单	确定与供应商签署的原材料采购合同的价值
		成品库存	表示拥有但未销售的产成品价值
财务管理中心	会计核算 财务管理	库存现金	存放现金,每个价值为 1 W(万元)
		银行贷款	在相应位置用空桶表示,每桶 20 W(万元)
		应收账款	在相应位置摆放装有现金的桶
		应付账款	在相应位置摆放空桶
		综合费用	将发生的各项费用放置于相应区域

图 1-6 营销与规划中心沙盘盘面

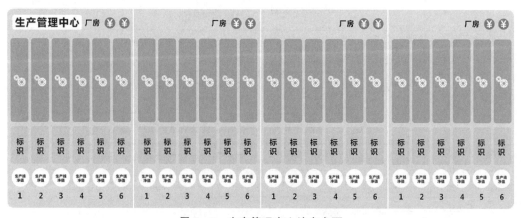

图 1-7 生产管理中心沙盘盘面

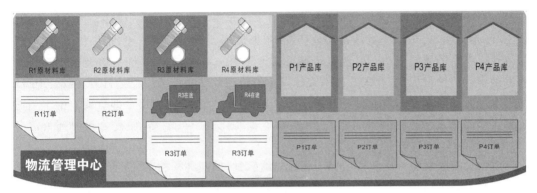

图 1-8　物流管理中心沙盘盘面

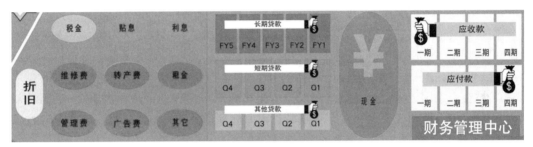

图 1-9　财务管理中心沙盘盘面

　　企业经营管理沙盘模拟基于"融理论与实践于一体、集角色扮演与岗位体验于一身"的设计思想,学生通过沙盘载体,参与"模拟经营—对抗演练—教师评析—学生感悟"等一系列的实验环节,在分析市场、制定战略、营销策划、组织生产和财务管理等一系列活动中,参悟科学的管理规律,培养团队精神,全面提升管理能力,对企业的管理过程有实际的体验。

任务三　认知企业

【任务引例】

　　1986 年成立的方正集团被誉为中国优秀的校企,除了常年位列中国 500 强公司之外,方正集团更是获得过"中国十大自主创新民族品牌""最具核心竞争力的中国企业"等殊荣。

　　然而 2019 年年底,方正集团却因债券违约事件引起轩然大波。方正集团于 2019 年发行了金额 20 亿元、期限 270 天的超短期融资债券"19 方正 SCP002"。然而到期后,集团却对外发布公告称因流动资金紧张,公司未能按照约定筹措足额偿付资金,"19 方正 SCP002"不能按期足额偿付本息,成为北大方正集团名下首只违约债券,引发舆论一片哗然。方正是如何一步一步走上依赖负债的企业运营之路的呢?

　　1985 年中央鼓励高等学校、研究机构自行发展科研生产型企业,加速科技成果向民用转移。在此背景下,北京理科新技术公司应运而生,汉字激光照排技术成为了这家公司的起家之业。1992 年,公司更名为"北大方正集团",开始了一段辉煌的发展历程。

古语中"守一而止"是为正,但方正集团并不满足于自身在计算机软件领域中的成功。从 1992 年开始,公司便先后涉足房地产、高尔夫球场、金融租赁、公路、精细化工等行业,期待获得各个领域的成功。但现实却狠狠泼了集团一盆冷水,除了因为曾经代销惠普个人电脑带来的渠道优势、北大的技术支持以及公司在软件领域的品牌号召力,帮助方正成功打入新兴的个人电脑行业分一杯羹之外,公司在其他领域的投资全部折戟。由于当时的方正集团缺乏全面的战略部署,过早实施了多元化的发展战略,使得公司内部资源分散,给公司带来了巨大的损失。

多次投资失利让方正集团暂停了多元化的探索,回归纯粹的 IT 行业。但经历了十几年的增长之后,方正集团引以为傲的激光照排和电脑业务也遭遇了困难。激光照排系统在产品市场上的占有基本达到饱和状态,可供开发的市场较少。而个人电脑市场竞争激烈,方正又没有突出的技术优势,在价值链中上游缺乏竞争力,利润微薄。另一方面,连续十年高速发展的成功、作为中国第一校企的巨大光环,都使方正忽视了它自身缺乏管理创新和机制创新,财务管理松散等诸多问题。当时,方正集团总部对下属子公司实行无为而治的管理方针,各单位各行其是,近乎独立运作,连总部查看下属子公司财务报表的要求都常常被拒。集团董事会更是很少讨论整个集团及下属单位的战略发展事项,集团总部陷于"空壳化"。公司经营的惨淡还伴随着集团内部逐渐公开化与白热化的经营派和技术派的斗争,人事动荡成为集团当时的"主旋律"。

种种负面因素叠加,最后将企业逼到了负债运营和破产清算的境地。

【知识准备与业务操作】

一、企业的涵义

企业是自主经营、自负盈亏,从事为满足社会需要而提供产品(货物及服务)的经济活动,具有法人资格的独立经济核算的社会基本经济单位。企业是市场经济活动的主体。按经营方向划分,企业可以分为:工业企业、农业企业、运输企业、建筑安装企业、邮电企业、商业企业、旅游企业和金融企业等。

二、资产负债表

资产负债表亦称财务状况表,表示企业在一定日期(通常为各会计期末)的财务状况(即资产、负债和所有者权益的状况)的财务报表。资产负债表利用会计平衡原则,将合乎会计原则的资产、负债、所有者权益各科目分为"资产"和"负债和所有者权益"两大区块,在经过分录、汇账、分类账、试算平衡、调整等会计程序后,用报表形式呈现特定日期的静态企业情况。

资产负债表除了能加强企业内部控制外,也可以让阅读者在有限时间内了解企业的经营状况。

三、利润表

利润表是反映企业在一定会计期间经营成果的报表。因为它反映的是某一期间的经营情况,所以又被称为动态报表。

岗位说明

岗位名称	工作内容
总经理	筹集资金,创建企业
营销总监	购买 P1 产品生产资格和本地市场准入资格
生产总监	购买厂房和生产线
采购总监	向供应商订购原材料
财务总监	管理现金收支,提供企业资产报告

【工作任务一——组建企业】

某公司是董事会筹资 40 W(万元)创建的一家新型制造企业,主要生产某行业的 P 系列产品。公司根据不同职能成立了营销与规划中心、生产管理中心、物流管理中心和财务管理中心四个部门共同负责完成公司的日常运营。

公司花费 20 W(万元)购买了一座厂房,然后以单价 5 W(万元)购买安装了三条手工生产线,共花费 15 W(万元),接下来用 1 W(万元)购买了 P1 产品的生产资格,1 W(万元)购买了本地市场准入资格,向供应商订购了 3 个 R1 原材料订单,为下一年开始生产运营作了充分的前期准备。新建企业盘面示意图如图 1 - 10 所示。

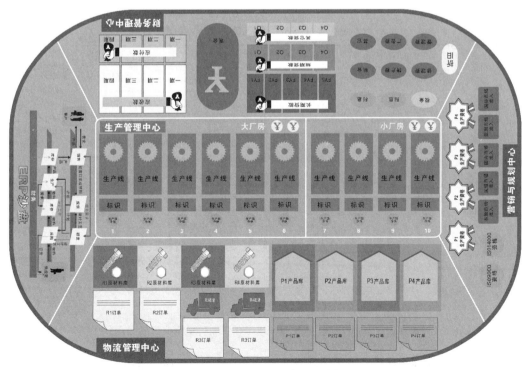

图 1 - 10　新建企业盘面示意图

1

为了向公司董事会说明资产变化情况,财务部门编制了建设期内的利润表和资产负债表,分别如表1-2和表1-3所示。

表1-2 利润表　　　　　　单位:W(万元)

项目	运算符号	教学年	对应利润表的项目
销售收入	+		营业收入
直接成本	−		营业成本
毛利	=		营业利润
营业费用	−	2	销售费用、管理费用
折旧前利润	=		营业利润
折旧	−		
支付利息前利润	=	−2	
财务收入/支出	+/−		财务费用
额外收入/支出	+/−		营业外收入/成本
税前利润	=	−2	利润总额
所得税	−		所得税费用
净利润	=	−2	净利润

表1-3 资产负债表　　　　　　单位:W(万元)

资产	对应资产负债表的项目	本年度	负债和所有者权益	对应资产负债表的项目	本年度
流动资产:	流动资产:		负债:	负债:	
现金①	(货币资金)库存现金	3	长期负债	长期借款	0
应收款	应收账款	0	短期负债	短期借款	0
在制品		0	应付账款	应付账款	0
成品	存货	0	应交税金②	应交税费	0
原料		0			

---

① 新企业会计准则规定,会计科目"现金"改为"库存现金",新创业者沙盘系统中仍为"现金"。全书同。

② 新企业会计准则规定,会计科目"应交税金"改为"应交税费",新创业者沙盘系统中仍为"应交税金"。全书同。

续 表

资产	对应资产 负债表的项目	本年度	负债和 所有者权益	对应资产 负债表的项目	本年度
流动资产合计	流动资产合计	3	负债合计	负债合计	0
非流动资产	非流动资产:		所有者权益:	所有者权益:	
厂房	固定资产	20	股东资本	实收资本(股本)	40
生产线		15	利润留存	未分配利润	0
在建工程	在建工程	0	年度净利	年度净利	−2
非流动 资产合计	非流动 资产合计	35	所有者 权益合计	所有者 权益合计	38
资产合计	资产合计	38	负债和所有者 权益合计	负债和所有者 权益合计	38

组建企业的流程简图如图 1-11 所示。

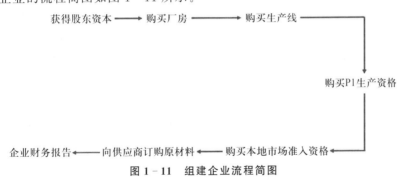

图 1-11 组建企业流程简图

【工作任务二——认识企业的运营流程】

企业组建成功后,应考虑企业如何运营的问题。企业运营流程,即企业管理部门的日常作业流程,是一个企业进行生产经营或者贸易等企业工作的程序。现代制造业大多以客户关系与销售管理为龙头,以企业内部的计划和生产管理为核心,有效地整合企业供应链上的各个环节,并对企业资源进行最优化配置,以达到效率化经营的目标,实现社会财富最大化。模拟企业的运营流程如图 1-12 所示。

从图 1-12 中可以看出,企业根据需求信息,从采购材料,加工、装配生成完工产品再到销售,随着实物的流动,企业发生了供应、生产、销售业务。伴随着业务的发生,企业流出的资金又被收回。当资金流入大于资金流出时,企业就实现了资本增值。

企业维持日常运营活动离不开资金,从采购材料付款,到销售产品、收到款项所需的时间——现金流循环周期越短,说明企业运营资金在采购、生产、销售等阶段占用的时间越少,资本增值速度越快,企业效益越高。

1

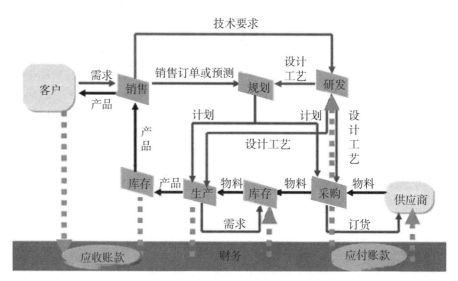

图 1-12 模拟企业运营流程

赛题链接

《全国职业院校技能大赛沙盘模拟企业经营竞赛赛项规程》的技术平台规定：比赛平台主要采用新道科技股份有限公司的"新道新创业者沙盘系统"和"企业经营管理沙盘"为竞赛平台。

（1）赛项使用比赛器材：企业经营管理沙盘赛具。

物品名称	单位	材质
沙盘盘面	张	铜版纸

（2）赛项所需技术平台。

设备及软件名称	备注
电子沙盘	新道新创业者沙盘系统

【项目小结】

本项目主要介绍了 ERP 沙盘模拟的基础知识，包括沙盘的起源和分类、ERP 沙盘模拟的意义、企业不同部门的主要职能、企业组建流程、企业的组织结构和运营流程等。通过本项目学习，学生应做到：

（1）对开办企业有初步的认识，学会准备各种资源，明确这些资源都是用资本置换的。

（2）清楚企业的财产变化情况，能用资产负债表说明企业的经营现状。

【项目训练】

根据开办企业的相关信息，用筹集的资金换取开办企业所需的资源，在手工沙盘盘面上完成虚拟企业组建的流程，编制资产负债表说明企业的财产变化情况。

项目二 组建团队

教学目标

◆ **知识目标**

了解企业、企业经营、组建团队的相关知识。

◆ **技能目标**

认知企业岗位分工,了解不同岗位的职责。

◆ **素养目标**

1. 引导分工合作,树立团队意识,培养团队合作精神。

2. 鼓励为共同目标凝聚力量,分工协作,取长补短,发挥各自优势,取得1+1>2的效果。

 知识导图

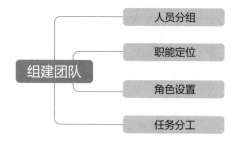

组建团队
- 人员分组
- 职能定位
- 角色设置
- 任务分工

引导案例

向竹子学习团队协作

中国人热爱竹子,古人描写竹子的诗句有很多,诸如:

咬定青山不放松,立根原在破岩中,千磨万击还坚韧,任尔东西南北风。

(清·郑板桥)

不论台阁与山岭,爱尔岂惟千亩阴,未出土时先有节,便凌云去也无心。

（宋·徐庭筠）

竹子的生长有四大特点：

（1）群生。人们看到的往往是一片竹林,而不是孤零零的一株竹子。如果只有一株竹子,它面对的只有死亡。

（2）虚心。所有的竹子都是中空的。人们利用中空的竹筒当容器,做竹筒饭、竹筒酒、送水管道等。

（3）一节一节生长。竹子生长一段,就接一个箍;再生长一段,再接一个箍。

（4）先缓后快。竹子在竹笋期遇雨就长,但是等到长成竹时,它就几乎不长了。三五年之后,竹子会突然发力,以惊人的速度再生长。如果在夜深人静的时候,来到竹林里,你会听到竹子在拔节成长的声音,它的成长速度是每天约 0.6 米。

竹子为什么在三五年间停止生长？原来在那几年,它的根部在地下疯狂成长,它的根系最长的可以铺开几百米,在方圆几平方千米的土地上,竹子可以轻而易举地获取自己需要的营养和雨水,为后来的发力打好坚实的基础,做好充足的准备。

案例思考

团队建设应该学习竹子的精神。

（1）群生。这说明团队成员之间,大家只有团结才能更好地生存和发展下去,否则,单打独斗很容易孤立无援。

（2）虚心。团队里的成员应包容他人,能向其他团队成员虚心学习。

（3）一节一节生长。团队成员只有学会总结和反思,才能不断地成长和发展。

（4）先缓后快。团队经营需要厚积薄发。前期大多数时间都是蓄势待发,等力量积蓄到一定程度,方可获得成功,而不能急于求成。

任 务 团 队 组 建

【任务引例】

生活在海边的人常常会看到螃蟹从海里游到岸上的现象。现在有一只螃蟹想到岸上体验一下大海以外世界生活的滋味,只见它努力地往岸上爬,可无论它怎样执着、坚毅,都始终爬不到岸上去。不是因为这只螃蟹不会选择路线,也不是因为它动作笨拙,而是它的同伴不允许它爬上去。每当它要爬上岸的时候,别的螃蟹就会争相拖住它的后腿,把它重新拖回到海里。人们也偶尔会看到一些爬上岸的螃蟹,他们一定是单独行动才上岸的。

在南美洲的草原上,有一种动物却演绎出迥然不同的故事：由于天气酷热,山坡上的草丛突然起火,无数蚂蚁被熊熊大火逼得节节后退,火的包围圈越来越小,渐渐地蚂蚁似乎无路可走。然而,就在这时出人意料的事情发生了。蚂蚁迅速聚拢起来,紧紧地抱成一团,很快就滚成一个黑乎乎的大蚁球,蚁球滚动着冲向火海。尽管蚁球很快就被烧成了火球,在噼噼啪啪的响声中,一些居于火球外围的蚂蚁被烧死了,但更多的蚂蚁却绝处逢生。

　　启示:这两则关于动物之间团队合作的故事相映成趣,说明这样一个道理:掣肘,易事难为;携手,难事可成。螃蟹的"拖后腿",这种做法的人因嫉妒心、"红眼病"和一己之私作祟,他们惧怕竞争,甚至憎恨竞争。一旦看到别人强于自己,就拆台阶、下绊子,千方百计地竭尽倾轧之能事。其宗旨不外乎一条:我不行,你也别行;我得不到,你也别想得到。于是,有一些发明创造的才智,就这样在无声中被内耗掉;有一些贤能,就这样被埋没于默默无闻之境;有一些"千里马",就这样病死于槽枥之间。蚂蚁的"抱成团"却与此大相径庭,这一抱,是命运的抗争,力量的凝聚,是以团结协作的手段,为共渡难关、求取新生所做出的必要努力。无此一抱,蚂蚁必将全体葬身于火海,精诚团结则使它们的群体得以延续。上述螃蟹的"拖后腿",足以令某些人揽镜自照而汗颜;蚂蚁的"抱成团"则值得人们学习、效仿。人们如果能常将螃蟹的"拖后腿"与蚂蚁的"抱成团"所造成的后果对照起来思考反省,就会见贤思齐,择善而从。

【知识准备与业务操作】

　　企业一般是指以营利为目的,运用各种生产要素(土地、劳动力、资本、技术等),向市场提供商品或服务,实行自主经营、自负盈亏、独立核算的法人或其他社会经济组织。

　　企业经营是指以企业为载体的物质资料经营,是企业经营者为了获得最大的物质利益而运用经济权力以最少的物质消耗创造出尽可能多的能够满足人们需要的各种产品的经济活动。

　　团队是由两个或者两个以上的相互作用、相互依赖的个体,为了特定目标而按照一定规则结合在一起的组织。团队的特点是:①以目标为导向,以协作为基础;②需要共同的规范和方法;③团队成员在技术或技能上形成互补。

【工作任务——团队组建】

　　ERP沙盘模拟简化了企业组织结构的形式,企业组织由总经理、财务总监、营销总监、生产总监、采购总监五个主要角色构成。在组建初期,对学生进行职业能力测试,使学生对自己的职业性格特点有一定的认识,从而有利于在团队组建过程中从事相对合适的岗位。对学生进行分组,一般由5~7人组成一个团队来模拟经营一家企业(具体可以视教学条件与学生人数而定),将其分为6~12家相互竞争的模拟企业。团队名称可以以大写英文字母来命名,而在ERP电子沙盘模拟对抗中则以"U+数字"来命名。另外,当一个团队人数较少时,可以一人多职;相反,当人数较多时,可以增加相应的助理职务,如财务助理、营销助理等,人员分组与职能定位如图2-1所示。

　　在ERP沙盘模拟经营过程中,各角色职责分工不同,在进行相关沙盘教具操作时,还要填写有关表单,记录企业运营的过程和结果,编制角色设置与任务分工一览表(表2-1),鼓励学生自制表单、开发信息化工具进行管理。

总经理	财务总监	营销总监	生产总监	采购总监
● 制定发展战略 ● 竞争格局分析 ● 经营指标确定 ● 业务策略制定 ● 全面预算管理 ● 管理团队协同 ● 企业绩效分析 ● 业绩考评管理 ● 管理授权与总结	● 日常财务记账和登账 ● 向税务部门报税 ● 提供财务报表 ● 日常现金管理 ● 企业融资策略制定 ● 成本费用控制 ● 资金调度与风险管理 ● 财务制度与风险管理 ● 财务分析与协助决策	● 市场调查分析 ● 市场进入策略 ● 品种发展策略 ● 广告宣传策略 ● 制订销售计划 ● 争取订单与谈判 ● 签订合同与过程控制 ● 按时发货与应收款管理 ● 销售绩效分析	● 产品研发管理 ● 管理体系认证 ● 固定资产投资 ● 编制生产计划 ● 平衡生产能力 ● 生产车间管理 ● 产品质量保证 ● 成品库存管理 ● 产品外协管理	● 编制采购计划 ● 供应商谈判 ● 签订采购合同 ● 监控采购过程 ● 到货验收 ● 仓储管理 ● 采购支付抉择 ● 与财务部协调 ● 与生产部协同

图 2-1　人员分组与职能定位

表 2-1　角色设置与任务分工一览表

角色	职　　责	使用表单（见附录）	备注
总经理 （CEO）	综合小组各个角色提供的信息，作出本企业的决策，对其决策及企业整体运营负责	总经理运营表	—
财务总监 （CFO）	日常财务记账和登账；向税务部门报税；日常库存现金、银行存款管理；财务报表编制；企业融资策略制定；成本费用控制；资金调度与风险管理；财务制度与风险管理；财务分析与协助决策，以保证各部门能够有足够的资金支持	财务总监运营表；综合管理费用明细表；资产负债表；利润表	可下设财务助理，承担部分职责
营销总监 （CMO）	市场调查分析；制定市场运行策略、产品发展策略和广告宣传策略；制订销售计划；争取订单与谈判；签订合同与过程控制；按时发货；应收账款管理；销售业绩分析，以透彻了解市场并保证订单交付	营销总监运营表；订单登记表；广告登记表；产品核算统计表	可下设营销助理，承担部分职责
生产总监 （CPO）	产品研发管理；管理体系认证；固定资产投资；编制生产计划，平衡生产能力；生产车间管理；产品质量保证；成品库存管理；产品外协管理	生产总监运营表	可下设生产助理，承担部分职责
采购总监 （COO）	编制采购计划；供应商谈判，签订采购合同；监控采购过程；到货验收；仓储管理；采购支付选择；与财务部协调；与生产部协同	采购总监运营表	本岗位任务相对较轻，可以协助其他岗位承担部分职责

注：总经理（Chief Executive Officer，CEO）；财务总监（Chief Financial Officer，CFO）；营销总监（Chief Marketing Officer，CMO）；生产总监（Chief Production Officer，CPO）；采购总监（Chief Operation Officer，COO）。

2

小贴士

　　C＊O是现代公司制度下的产物,是所有权与经营权相分离的一种制度表现形式,C＊O中的"＊"是一种代称,代表公司里的某种特定职务。其中C表示首席(chief),O表示高级职员(officer),中间的字母表示具体的分工类别,比如行政、财务、营销等。这些头衔的首字母C和O是相同的意思。

　　CEO(Chief Executive Officer),首席执行官,与总经理同是企业的"一把手"。CEO既是行政"一把手",又是股东权益"代言人"。大多数情况下,CEO是作为董事会成员出现的,总经理则不一定是董事会成员。从这个意义上讲,CEO代表着企业,并对企业经营负责。

【项目小结】

　　本项目介绍了企业、企业经营、组建团队的相关知识,学习了企业岗位分工、不同岗位职责与作用的相关内容。团队组建过程中会出现意见不一致的现象,有的岗位大家抢着干,有的岗位没人愿意做。为了完成任务,超越对手,赢得好成绩,每组团队必须团结一致。每个团队成员都应充分发言,互相尊重,民主协商,学会分工合作。

【项目训练】

　　根据参训实际人数确定组数和每组人数,用抽签、报数等方式随机分组。开展小组讨论,进行团队建设:为本小组的公司命名,设计LOGO,设计团队歌曲或者口号,展示团队风采。同时,利用多种团队训练游戏,活跃气氛,增强团队凝聚力。

项目三　规则与预测

教学目标

◆ 知识目标

1. 掌握各个岗位需要领会的规则。

2. 掌握各类型市场预测的方式。

◆ 技能目标

1. 能够理解和自觉运用手工沙盘规则。

2. 能够按照手工沙盘规则要求进行规范的操作,完成任务。

◆ 素养目标

1. 培养综合与系统分析能力。

2. 认识预测的重要性,培养市场预测能力。

3. 培养对规则的认识并领会其重要性。

知识导图

```
                                       ┌─ 开拓市场
                                       ├─ 投放广告
                                       ├─ 参加订货会
                                       ├─ 查询订单信息
                                       ├─ 按订单交货
                                       ├─ 违约订单处理
                                       ├─ 订购原材料
                                       ├─ 更新原材料库
  规则与预测 ── 熟悉规则 ─────────────────┼─ 购买厂房
                                       ├─ 新建生产线
                                       ├─ 在建生产线
                                       ├─ 生产线转产
                                       ├─ 出售生产线
                                       ├─ 开始生产
                                       ├─ 更新生产,完工入库
                                       ├─ 申请长期贷款
                                       └─ 申请短期贷款
```

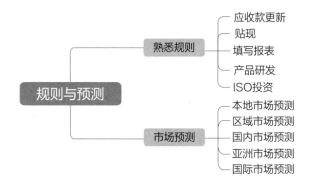

3

引导案例

　　2022 年 3 月 16 日,江西省奉新县新冠肺炎疫情防控应急指挥部发布通报,一名无症状感染者 A 因违反组织纪律和疫情防控规定被立案审查。

　　2022 年 3 月 11 日,A 在工作日未履行请假手续,擅离职守到福建省泉州市游玩。13 日,A 从泉州返赣后,未按要求主动向所在社区(村组)、单位报告,也未按要求主动到相关医疗机构进行核酸检测,直至 14 日 18 时,同车去泉州游玩的 B 核酸检测为阳性后,奉新县 120 救护车将 A 带至指定隔离点,经核酸检测,A 被诊断为新冠肺炎无症状感染者。

　　A 的行为违反了《中华人民共和国传染病防治法》及疫情防控相关规定,给当地疫情防控工作带来较大风险,造成不良社会影响。

案例思考

　　隐瞒疫情害人害己,属于危害公共安全的违法行为,其背后折射出的是公民"规则"意识的缺失。规则是社会有序运行的"基础设施",是社会和谐的"底座",是社会公平正义的重要保障,也是一个人立身处世的底线。"无规矩不成方圆",生活处处有规则,规则是维持社会安定的必要条件,比如人们都遵守交通规则,我们每个人的出行安全就有了保障。规则虽说是特定的,但遵守规则主要依靠的是社会成员内心对规则的尊重。规则受尊重,社会才有良序。

任务一　熟　悉　规　则

【任务引例】

　　飞机上,一个乘客把脚放在小桌板上,被乘务员劝阻后却指责机舱管理不够人性化;一个女子骑电动车闯红灯与正常行驶的出租车发生剐蹭,未受伤的情况下竟索要高额赔偿费;小区门口,未拴牵引绳的宠物狗吓到孩子,妈妈赶狗保护孩子,反遭狗主人拳打脚踢……生活中的一些场景引人深思:为什么规则会被无视?

　　改革开放 40 多年来,我国法治建设逐渐完善,规则体系日趋成熟,如何培养出与之相匹配的规则意识、精神文明,成为摆在我们面前的重要课题。我们要注重培育人们的法律信仰、法治观念、规则意识,引导人们自觉履行法定义务、社会责任、家庭责任,营造全社会都讲法治、守法治的文化环境。可以说,捍卫以法律和公序良俗为基础的规则文明,是中国现代化进程的一道必答题。

有时候,矛盾、误会乃至风险,常源于对规则的漠视。无规矩不成方圆,这句人尽皆知的俗语,今天依然发人深省。在现代社会的文明肌体中,规则就是筋和骨。有了明确的规则,才能框定人们的行动边界。在传统熟人社会中,人的流动性不强,熟人之间的评价,构成了"该做什么,不该做什么"的标准。在现代社会中,人的流动性强,"住了3年没跟邻居说过一句话"也偶尔会有。这样的"陌生人"社会里,人与人之间需要用明确的规则来协调彼此的关系,定义"该做什么,不该做什么"。从楼道里"不准倒垃圾"的告示,到国家的成文法律,只有规则才能成为现代社会正常运转的"润滑剂"。也只有通过培育人们的规则意识和守法意识,才能推动我们的社会向着有序、文明的方向前进。

【知识准备与业务操作】

一、营销总监需要领会的规则

(一) 市场准入规则

企业的生存和发展离不开市场,只有在市场开拓完成并取得市场准入证后,企业才能在该市场进行产品销售,争取市场份额。

各个企业可根据自身情况在本地、区域、国内、亚洲、国际市场中选择开发进入市场并获得市场订单。只有在市场开发完毕之后,企业才有在该市场销售产品的资格。市场开发费用与开发周期如表3-1所示。

表 3-1 市场开发费用与开发周期

市场	开发费用/万元	时间/年	分值/分
本地	开放	无	无
区域	1(1万元/年×1年)	1	5
国内	2(1万元/年×2年)	2	8
亚洲	3(1万元/年×3年)	3	9
国际	4(1万元/年×4年)	4	10

(二) 销售会议与订单争取

每年年初,各企业的营销总监都要与客户见面并召开销售会议,投放广告。系统根据市场地位、产品广告投入、市场广告投入、市场需求以及竞争态势,按顺序选择订单。选单顺序根据以下原则排定:

(1) 以当年同一市场同一产品投放的广告额投放大小顺序依次依次选单。

(2) 如果两组竞争企业同一市场同一产品投放的广告额相同,则根据当年本市场广告投放总额依次选单。

(3) 如果当年同一市场广告总额也相同,则根据上一年该市场销售排名选单。

（4）如上一年同一市场销售排名仍相同，则先投放广告者可优先选单。

（5）如参数选择中有"市场老大"，则"市场老大"拥有该市场所有产品的优先选单权。

（三）订单违约

所有订单必须在本年年度内完成（按订单上的产品数量和交货期交货）。如果订单没有按时完成，则视为违约订单，按下列条款加以处罚：

（1）分别按违约订单销售总额的20%计算违约金，并在当年第4季度结束后扣除，违约金记入"其他"。

（2）违约订单一律收回。

二、采购总监需要领会的规则

采购总监根据年初生产总监制订的生产计划，编制采购计划。采购总监应认真研究企业的生产计划，进行科学的计算，确认合理的原材料采购品种和数量。按照采购规则，采购总监应提前向原材料供应商提交订单。原材料采购情况如表3-2所示。

表3-2　原材料采购表

名称	购买价格/（万元/个）	提前期/季
R1	1	1
R2	1	1
R3	1	2
R4	1	2

【说明】

（1）向供应商订购原材料时，无须支付材料款。

（2）向供应商订购的原材料运抵企业时，企业无条件购买全部原材料并支付材料款。

三、生产总监需要领会的规则

生产总监按照企业的发展战略，根据营销总监所取得的订单，对各生产线资源进行优化组合，制订生产计划并安排生产，保障企业生产的正常进行，保证企业及时交货。

（一）厂房价格表

企业在开办初期，需要购买厂房，才能对购买回来的生产线进行安装、使用。厂房价格如表3-3所示。

表3-3　厂房价格表

厂房	购买价格/万元	容量/条	购买上限/个	分值/分
大厂房	40	6	1	10
小厂房	30	4	1	7

【说明】

（1）购买厂房可以在任意季度进行。企业只能购买厂房，不能租赁厂房。

（2）如需新建生产线，则厂房须有空闲空间。

（3）即使厂房中没有生产线，也不可以将其出售。

（4）厂房合计购买上限为 2 个。

（二）生产线基本情况

企业想要提高利润，就必须购置新的生产线，甚至根据企业发展战略，淘汰效率低下的生产线，将其变卖，更新换购效率高的生产线，生产线基本情况如表 3-4 所示。

表 3-4　生产线基本情况表

生产线	购置费/万元	安装周期/个	生产周期/个	维修费/（万元/年）	残值/万元	转产周期/个	转产费/万元	分值/分
手工线	5	无	3	1	2	无	无	5
半自动线	8	1	2	1	2	1	2	7
自动线	15	3	1	2	3	1	2	9
柔性线	20	4	1	2	4	无	无	10

【说明】

（1）无论何时出售生产线，从生产线净值中取出相当于残值的部分记入"库存现金"，净值与残值之差记入"其他"。

（2）生产的产品品种一经确定，本生产线所生产的产品品种便不能随意更换，如需更换，须在建成后，进行转产处理。

（3）只有空闲并且已经建成的生产线方可进行转产处理。

（4）当年建成的生产线、转产中的生产线都要缴纳维修费；凡已出售的生产线和新购入正在安装的生产线不缴纳维修费。

（5）生产线不允许在不同厂房之间移动。

（6）生产线允许中断投资，但不能加速投资。

【思考】

如果企业第 2 年第 2 季度投资建设自动生产线，将于何时建成？第 2 年需要缴纳维修费吗？

生产线无论使用与否，都会发生一定程度的损耗，其价值将逐渐转移到生产的产品成本中，构成了企业的费用。随着生产线价值的转移，损耗的成本费用以折旧的形式在产品销售收入中得到补偿，生产线折旧情况如表 3-5 所示。

表 3-5　生产线折旧情况表（平均年限法）　　　　单位：W（万元）

生产线	购置费	残值	建成第 1 年	建成第 2 年	建成第 3 年	建成第 4 年	建成第 5 年
手工线	5	2	0	1	1	1	0
半自动线	8	2	0	2	2	2	0
自动线	15	3	0	3	3	3	3
柔性线	20	4	0	4	4	4	4

【说明】

（1）当生产线净值等于残值时，生产线不再计提折旧，但可以继续使用。

（2）生产线建成第1年（当年）不计提折旧。

四、财务总监需要领会的规则

资金是企业生存和持续发展的血液，资金断裂意味着企业破产。财务总监针对企业自身情况进行资金的预测、筹集、调度与监控。财务总监通过向银行贷款、贴现、库存拍卖等方法进行资金筹集，并须按时编制年度财务报表。融资方式如表3-6所示。

表3-6　融资方式

贷款类型	贷款时间	贷款额度	年息	还款方式
长期贷款	每年度初	所有贷款不超过上一年所有者权益的3倍，不低于10 W（万元）	10%	年初付息，到期还本
短期贷款	每季度初	所有贷款不超过上一年所有者权益的3倍，不低于20 W（万元）	5%	到期一次还本付息
资金贴现	任何时间	视应收款额而定	1:7	变现贴息

（一）融资说明

1. 长期贷款和短期贷款信用额度

长期贷款和短期贷款的总额度（包括已借但未到还款期的贷款）为上年权益总计的3倍，长期贷款、短期贷款必须为不小于10 W（万元）的整数。例如，第1年所有者权益为44W（万元），第1年已借5年期的长期贷款57 W（万元）（且未申请短期贷款），则第2年可贷款总额度为75万元（44×3－57）。

贷款应注意以下事项。

（1）长期贷款必须每年支付利息，到期归还本金。长期贷款最多可贷5年。

（2）模拟经营结束年，不要求归还没有到期的各类贷款。

（3）短期贷款年限为1年，如果某一季度有短期贷款需要归还，且同时还拥有贷款额度时，必须先归还到期的短期贷款，才能申请新的短期贷款。

（4）所有的贷款不允许提前还款。

（5）企业间不允许私自融资，只允许企业向银行贷款，银行不可提供高利贷。

（6）贷款利息计算时，四舍五入取整数。例如，短期贷款21 W（万元），则利息为1.05万元（21×5%），四舍五入，实际支付利息为1 W（万元）。

（7）长期贷款利息是根据长期贷款的贷款总额乘以利率计算的。例如，第1年申请54 W（万元）的长期贷款，第2年申请24 W（万元）的长期贷款，则第3年所需要支付的长期贷款利息为7.8万元［(54＋24)×10%］，实际支付利息四舍五入为8 W（万元）。

2. 贴现规则

企业在有应收款时可以随时资金贴现，且金额只能是7的倍数。不论应收款期限长短，每贴现7 W（万元），需支付1 W（万元）的贴现费。

（二）取整规则

（1）违约金扣除：四舍五入取整数。

（2）扣税：四舍五入取整数。

（3）贷款利息：四舍五入取整数。

五、总经理需要领会的规则

（一）产品研发

企业在经营过程中如想盈利，就必须根据市场挑选适合企业生产的产品进行销售。在生产产品前，企业必须取得对应的生产资格证，产品的研发情况如表3-7所示。

表3-7 产品研发情况表

产品	开发费用/万元	开发周期/季	加工费/（万元/个）	直接成本/（万元/个）	产品组成	分值/分
P1	已研发	无	无	2	R1	无
P2	3（1万元/季×3季）	3	1	3	R1＋R2	8
P3	4（1万元/季×4季）	4	1	4	2R2＋R3	9
P4	5（1万元/季×5季）	5	1	5	R2＋R3＋2R4	10

【说明】

产品研发允许中断投资，但不允许加速投资。

（二）ISO认证

随着后期市场竞争越来越激烈，顾客的质量意识不断提高，企业对产品的ISO9000认证和ISO14000认证会有更多的需求。若企业无对应的ISO认证，则无法获取对ISO有需求的顾客的订单。ISO认证的研发情况如表3-8所示。

表3-8 ISO认证的研发情况表

市场	开发费用/万元	时间/年	分值/分
ISO9000	2（1万元/年×2年）	2	8
ISO14000	3（1万元/年×3年）	3	10

【说明】

（1）ISO认证，只能在每年第4季度进行操作。

（2）ISO认证允许中断投资，但不允许加速投资。

（三）破产处理

当某组权益为负（指当年结束系统生成资产负债表时，所有者权益为负数），或现金断流时（权益和现金可以为零），则宣告企业破产。

(四) 教学排名

以参加教学各组第 6 年结束后的最终所有者权益减去扣分项后进行评判,分数高者为优胜。

如果出现最终权益相等的情况,则参照各组第 6 年结束后的最终盘面,计算盘面各组分值和,分值和高的组排名在前(排行榜只限于排名用,不计入最终权益值)。如果分值和仍相等,则比较第 6 年净利润,利润高者排名靠前;如果还相等,则先完成第 6 年经营的组排名在前。总成绩与企业综合发展潜力的计算公式如下所示:

$$总成绩 = 所有者权益 \times (1 + 企业综合发展潜力/100)$$
$$企业综合发展潜力 = 市场资格分值 + ISO 资格分值 + 生产资格分值 +$$
$$厂房分值 + 各条生产线分值$$

生产线建成(包括转产)即加分,无须生产出产品,也无须有在制品。厂房必须购买。企业综合发展潜力如表 3 - 9 所示。

表 3 - 9　企业综合发展潜力

项　　目	综合发展潜力系数/分
手工线	+5/条
半自动线	+7/条
自动线	+9/条
柔性线	+10/条
本地市场开发	+5
区域市场开发	+5
国内市场开发	+8
亚洲市场开发	+9
国际市场开发	+10
ISO9000	+8
ISO14000	+10
P1 产品开发	+7
P2 产品开发	+8
P3 产品开发	+9
P4 产品开发	+10
大厂房	+10
小厂房	+7

（五）重要参数

根据学到的规则，把规则参数补充完整，如表 3-10 所示。

表 3-10 规则参数

项目	参数设置	项目	参数设置
违约金比例		贷款额倍数	
长期贷款利率		短期贷款利率	
1、2期贴现率		3、4期贴现率	
初始现金		管理费	
信息费		所得税税率	
最大长期贷款年限		最小得单广告额	
原材料紧急采购倍数		产品紧急采购倍数	
选单时间		首位选单补时	
市场同开数量		市场"老大"	
竞单时间		竞单同竞数	
最大厂房数量			

3

岗位说明

岗位名称	岗位说明
营销总监	（1）指导销售团队完成项目定位、制订营销方案等前期工作； （2）指导销售团队开展销售管理制度的制定和考核机制等工作，并对其实施效果进行监督考核； （3）组织销售团队完成销售任务，随时处理各种突发状况； （4）参与广告策划
采购总监	（1）为公司提出商品采购方案，获上级批准后组织实施全部采购工作，确保采购过程中的各项任务顺利完成； （2）与公司其他部门沟通调研各商品的需求及销售状况，确保公司商品供需平衡； （3）了解市场变化和各种供应渠道； （4）负责审核其他各部门提供的采购信息，在确保供应充分的同时减少非必需开支； （5）参与商品订单的业务洽谈并完成合同签订

续　表

岗位名称	岗位说明
生产总监	（1）负责制订生产作业计划,组织生产安排,协调处置突发事件,确保生产进度; （2）确保生产线生产正常有序地进行
财务总监	（1）总管公司会计、报表、预算工作; （2）负责制订公司利润计划、资本投资计划、财务计划、销售前景规划、开支预算以及成本标准; （3）组织公司有关部门开展经济活动分析,组织编制公司财务报表
总经理	（1）全面负责公司的日常经营管理工作; （2）负责制订公司的总体战略目标和年度经营计划,以实现公司的远景目标; （3）检查、督促和协调公司各部门的工作进展情况

【工作任务一——开拓市场】

营销总监向财务总监申请开拓市场所需的现金(新道手工沙盘系统中货币名称为灰币,以下货币名称均为灰币),并用空桶逐个装着每个市场开拓所需用的灰币,放在相应的市场开拓区域,如图3-1所示。

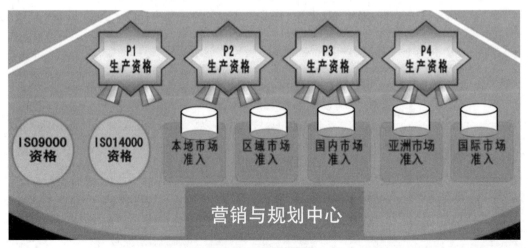

图3-1　开拓市场

> **小贴士**
>
> 如果市场开拓区域已有空桶,则把灰币投入空桶即可。每一年初始,教师会把费用区域的灰币清盘,但不会对市场开拓区域和产品研发区域的灰币进行清盘。因此,在第1年年末开拓市场时需要另外使用空桶,第2年以后,开拓市场一般只需要把当年开拓市场的灰币投入相应的市场区域即可。

【说明】

(1) 市场开拓,只能在每年第4季度进行。

(2) 市场开拓和投资可以同时进行,也可中断或延后,但不允许加速投资。

【思考】

如果企业从第1年开始投入研发亚洲市场,经过持续投入,亚洲市场将在哪一年开发完毕?如果企业在第3年中断投入,于第4年又恢复投入,那么将于哪一年开发完毕?

【举例】

假如规定本地市场、区域市场、国内市场、亚洲市场和国际市场的开拓期分别为0、1、2、3、4年,开拓费用均为每年1 W(万元)。若企业从第1年年末开始开拓所有市场,且中间不中断投资,则:

第1年年末需支付4 W(万元)市场开拓费用(各类市场各1万元),且当即完成区域市场的开拓,即在第2年年初的订货会上可对本地市场和区域市场投放广告、选取订单。

第2年年末需支付3 W(万元)市场开拓费用(国内、亚洲、国际市场各1万元),且完成区域市场和国内市场的开拓,即在第3年年初的订货会上可对本地市场、区域市场和国内市场投放广告、选取订单。

第3年年末需支付2 W(万元)市场开拓费用(亚洲、国际市场各1万元),且完成亚洲市场的开拓,即在第4年年初的订货会上可对本地、区域、国内和亚洲市场投放广告、选取订单。

第4年年末需支付1 W(万元)市场开拓费用(国际市场1万元),且完成国际市场的开拓,即在第5年年初的订货会上可对所有市场投放广告、选取订单。

【工作任务二——投放广告】

根据企业当年决定投放的广告总额,营销总监向财务总监申请开拓市场所需的现金(灰币),并用一个空桶装着灰币,放在费用区域的"广告费"处。

同时,营销总监应填写广告登记表,在广告登记表中的相应年份和相应市场处分别填写广告费。填写完毕后,把本公司的广告登记表提交至教师处登记,等待教师开启订货会。广告登记表如表3-11所示。

> **小贴士**
>
> 市场开拓完成后,企业可以在该市场投放广告。若该市场尚未开拓完成,则不可以在该市场投放广告。市场广告的投放要根据市场的竞争激烈程度、企业自身

的产能布置、发展战略、竞争对手的广告投放策略等多方面因素综合考虑。广告投放后,就可等待教师开启订货会。

表 3 – 11　A 公司的空白广告登记表(部分)　金额单位:W(万元)

第1年本地				第2年本地				第3年本地				第4年本地				第5年本地				第6年本地			
产品	广告	9 K	14 K	产品	广告	9 K	14 K	产品	广告	9 K	14 K	产品	广告	9 K	14 K	产品	广告	9 K	14 K	产品	广告	9 K	14 K
P1				P1				P1				P1				P1				P1			
P2				P2				P2				P2				P2				P2			
P3				P3				P3				P3				P3				P3			
P4				P4				P4				P4				P4				P4			

第1年区域				第2年区域				第3年区域				第4年区域				第5年区域				第6年区域			
产品	广告	9 K	14 K	产品	广告	9 K	14 K	产品	广告	9 K	14 K	产品	广告	9 K	14 K	产品	广告	9 K	14 K	产品	广告	9 K	14 K
P1				P1				P1				P1				P1				P1			
P2				P2				P2				P2				P2				P2			
P3				P3				P3				P3				P3				P3			
P4				P4				P4				P4				P4				P4			

表 3 – 11 中的 9K、14K 分别指 ISO 认证中的 ISO9000(产品质量)认证、ISO14000(产品环保)认证。

【举例】

表 3 – 12 中是 8 家公司第二年的广告登记表,其中 A 公司的广告费,具体计算过程如下:

(1) 本地市场:5+1=6(万元)。

(2) 区域市场:3+3=6(万元)。

(3) 广告合计数:6+6=12(万元)。

其余 7 家公司的广告费计算过程类似。

表 3 – 12　8 家公司第二年的广告登记表　金额单位:W(万元)

公司	本地						区域						国内						亚洲						国际						广告合计
	P1	P2	P3	P4	9K	14K	P1	P2	P3	P4	9K	14K	P1	P2	P3	P4	9K	14K	P1	P2	P3	P4	9K	14K	P1	P2	P3	P4	9K	14K	
A	5	1					3	3																							12
B	5	2					1	3																							11
C	4	1					5	1																							11
D	3	3					4	3																							13
E	3	3					3	2																							11
F	3	1					3	5																							12
G	1	3					3	5																							12
H	1	3					1	3																							8

【工作任务三——参加订货会】

所有公司的营销总监都要集中到多媒体大屏幕前,参加订货会,并把本公司所取得的订单信息记录在当年的订单登记表上,订单登记表式样如表 3-13 所示。

表 3-13 订单登记表

订单号	LP2-01	LP1-01	RP1-01	RP2-03	合计
市场					
产品					
数量/个					
账期/个					
销售额/万元					
成本/万元					
毛利/万元					
未售/个					

【说明】

(1)每组每轮选单只能先选择 1 张订单,且必须投入大于或等于 1 W(万元)以上金额才有机会获取选单机会。待所有投放广告组完成第一轮选单后,若还有订单,该市场该产品投放的广告额大于等于 3 W(万元)的组将获得第二轮的选单机会,选单顺序和第一轮相同;第二轮选单完成后,该市场该产品投放的广告额大于等于 5 W(万元)的组将获得第三轮的选单机会,选单顺序和第一轮相同;依次类推。

(2)若在某细分市场(如本地的 P1 产品市场)有多次选单机会时,只要放弃一次,则视同放弃该细分市场所有的选单机会。

(3)选单中如有意外,请立即告知老师,老师会暂停倒计时。

(4)"市场老大"指上一年某市场内所有产品销售总额最高,且该市场没有违约记录的企业,如果出现多组销售总额相等的情况,则该市场无"市场老大"。

【工作任务四——查询订单信息】

选单结束后,营销总监可以查询本公司订单登记表中所记录的选单信息,并将表中的剩余项目填写完整,如"成本""毛利"等。

对照选单时所记录的信息,营销总监一一填写订单登记表中的"订单号""市场""产品""数量""账期""销售额""成本""毛利""合计"等项目,也可到教师控制台,通过"订单查询"来查询本公司本年所获得的所有订单,具体如表 3-14 所示。

"成本""毛利""合计"这三个项目则待产品销售时再进行登记,第 4 季度运营结束后,再填写"未售"项目。

表 3-14　第 2 年 A 公司订单查询

序号	年份	市场	产品	数量/个	价格/万元	收入/万元	账期/个	条件	编号	完成
1	2	本地	P2	2	7.5	15	3		LP2-01	
2	2	本地	P1	2	5.0	10	4		LP1-01	
3	2	区域	P1	2	4.5	9	3		RP2-01	
4	2	区域	P2	2	6.5	13	2		RP2-03	

根据表 3-14 填写订单登记表,如表 3-15 所示,例如 LP2-01 一列中:

(1)"成本"一项,1 个 P2 的成本是 3 W(万元),则 2 个 P2 的成本为 6 W(万元)。

(2)"毛利"一项,根据公式:毛利=销售额-成本=15-6=9 W(万元)。

表 3-15　订单登记表

订单号	LP2-01	LP1-01	RP1-01	RP2-03	合计
市场	本地	本地	本地	本地	
产品	P2	P1	P1	P2	
数量/个	2	2	2	2	
账期/个	3	4	3	2	
销售额/万元	15	10	9	13	47
成本/万元	6	4	4	6	20
毛利/万元	9	6	5	7	27
未售/个					

【工作任务五——按订单交货】

按订单交货时,根据所交货的订单产品数量,把相应产品从产成品仓库中拿出,移交给客户,换回应得的销售收入(即灰币),提交给财务总监。如果该订单是 0 个账期,财务总监直接把收到的灰币放入现金区,否则应根据订单应收款账期的情况放入应收款相应的账期处。

【举例】

若 A 企业获取的订单情况如表 3-14 所示,则表示上述订单均要求在当年第 4 季度结束前交货,如果不能按时交货,则该产品订单将被收回,且要支付相应的违约金(违约金比率由教师在教学年之前设置)。

若当前为第 2 年的第 4 季度,A 公司第 2 年交货记录如表 3-16 所示,库存 P1 产品有 2 个,则企业可选择对 LP1-01、RP1-01 两个订单中的一个进行交货。若企业选择 LP1-01 订单交货,则交货后企业会产生账期为 4 期、金额为 10 W(万元)的应收款,该应收款可在 4 个季度后收回。同时,系统会从 P1 产品库中减少 2 个 P1 产品予以交货。

表 3 - 16　A 公司第 2 年交货记录

序号	年份	市场	产品	数量/个	价格/万元	收入/万元	账期/个	条件	编号	完成
1	2	本地	P2	2	7.5	15	3		LP2 - 01	交货
2	2	本地	P1	2	5.0	10	4		LP1 - 01	
3	2	区域	P1	2	4.5	9	3		RP1 - 01	
4	2	区域	P2	2	6.5	13	2		RP2 - 03	交货

【工作任务六——违约订单处理】

营销总监按违约订单所需支付的违约金额向财务总监申请所需的现金(灰币),并用一个空桶装着,放在费用区的"其他"处,如图 3 - 2 所示。

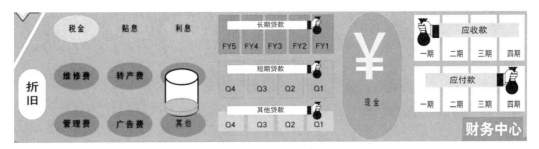

图 3 - 2　支付违约金

【举例】

接【任务五——按订单交货】中的【举例】,第 4 季度结束时,订单 RP1 - 01 只能违约,必须支付违约金。假定违约金的扣除比率为 25%,四舍五入保留整数,具体计算过程如下:

违约金额＝该订单销售额×违约金扣除比率＝9×25%＝2.25(万元)≈2(万元)

因此,企业需支付订单 RP1 - 01 违约金 2 W(万元)。

【思考】

发生违约订单,企业除了需要支付违约金外,可能还会承担哪些后果?

【工作任务七——订购原材料】

根据所需要预订的原材料订单,在盘面上的物流中心区域"R1 订单""R2 订单""R3 订单""R4 订单"处摆放空桶,空桶数量与订购原材料数量相同,如图 3 - 3 所示;或可在每一个订单区域分别放一只空桶,然后在空桶里放一纸条,上面标明该订单原材料的数量。采购总监在运营表的相应位置登记。

企业原材料一般分为 R1、R2、R3、R4 四种,其中 R1、R2 原材料需提前 1 个季度订购,在 1 个季度后支付材料款并入库,R3、R4 原材料需提前 2 个季度订购,在 2 个季度后支付材料款并入库。材料订购数量由后期生产需要决定,订购过量会造成现金占用,订购过少则不能满足生产需要,会造成生产线停产,甚至不能按期完成产品交货,导致产品订单违约。

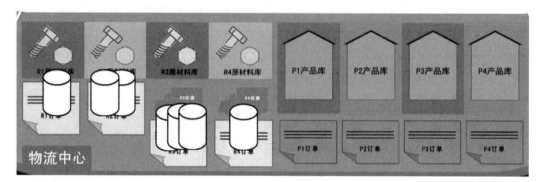

图 3 - 3   订购原材料

【举例】

若企业第 2 季度需要领用 5 个 R1、4 个 R2,第 3 季度需要领用 3 个 R1、4 个 R2、5 个 R3、4 个 R4,第 4 季度需要领用 4 个 R1、6 个 R2、4 个 R3、5 个 R4,则企业第 1 季度需要订购原材料 5 个 R1、4 个 R2、5 个 R3、4 个 R4,第 2 季度需要订购 3 个 R1、4 个 R2、4 个 R3、5 个 R4。订购原材料过程如图 3-4 所示。

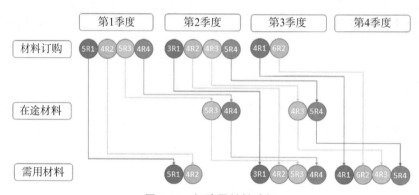

图 3 - 4   订购原材料过程

【工作任务八——更新原材料库】

将原材料订单处的空桶同时向上推一格,如果有空桶进入"原材料库",则需要根据数量进行采购,采购总监向财务总监申请购买材料所需支付的现金(灰币),然后持灰币到供应商处购买原材料(换回彩币),将彩币放入名为"原材料库"的空桶中,如图 3-5 所示。

企业经营沙盘运营中,原材料一般分为 R1、R2、R3、R4 四种,采购价一般为每个 1 W(万元)。其中 R1、R2 原材料采购款是在订购 1 个季度后支付,R3、R4 原材料采购款是在订购 2 个季度后支付。

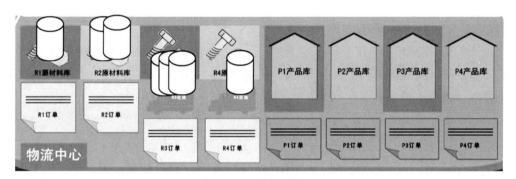

图 3-5 更新原材料

【举例】

假定每种原材料的采购单价均为 1 W(万元),若某企业在第 1 季度订购了 R1、R2、R3、R4 各 1 个,第 2 季度又订购了 R1、R2、R3、R4 各 2 个,则第 2 季度更新原材料操作时,应支付的材料采购款为 2 W(万元)(系第 1 季度订购的 R1 和 R2 材料款),第 3 季度更新原材料操作时,支付的材料采购款为 6 W(万元)(系第 1 季度订购的 R3、R4 材料款和第 2 季度订购的 R1、R2 材料款)。更新原材料过程如图 3-6 所示。

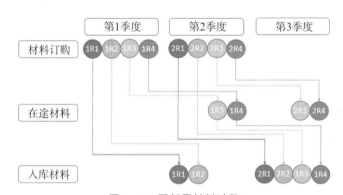

图 3-6 更新原材料过程

【思考】

第 1 年第 3 季度需要 3 个 R3 原材料以供生产,企业应该什么时候进行订购并完成付款?

【工作任务九——购买厂房】

生产总监向财务总监申请购买厂房所需的现金(灰币),并用空桶装着,放于生产中心的厂房区域,如图 3-7 所示。

厂房类型根据生产需要选择大厂房或小厂房,厂房只能通过购买获得,必须一次性支付购买价款,且无后续费用。

【举例】

若企业在第 1 年第 2 季度选择购入 1 个大厂房,则系统会在购入时一次性扣除相应的购买价款,以后不再产生相关扣款。

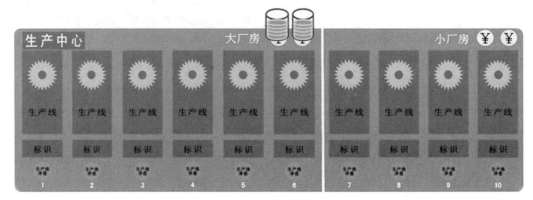

图 3-7 购买厂房

【工作任务十——新建生产线】

生产总监向财务总监申请当季购买生产线所需的现金（灰币），并持灰币到供应商处购买所需生产线。回到本公司，将灰币放于生产中心的生产线净值区域，生产线放于相应的生产线区域，如图 3-8 所示。

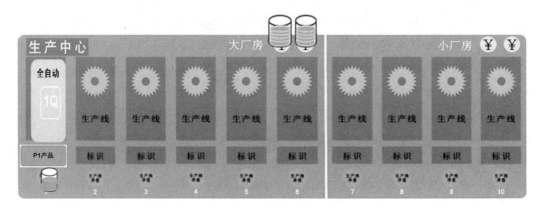

图 3-8 新建生产线

生产线一般包括手工线、半自动线、自动线和柔性线等，各种生产线的购买价格、折旧、残值、生产周期、转产周期、建造周期详见规则说明。

【举例】

若规则规定：手工线买价 5 万元、建造期 0 期，半自动线买价 8 万元、建造期 1 期，自动线买价 15 万元、建造期 3 期，柔性线买价 20 万元、建造期 4 期。

如果企业在第 1 年第 1 季度同时建造上述生产线，则第 1 季度新建生产线时需支付 23 万元（手工线 5 万元、半自动线 8 万元、自动线 5 万元、柔性线 5 万元），第 2 季度建造生产线时需支付 10 万元（自动线 5 万元、柔性线 5 万元），第 3 季度建造生产线时需支付 10 万元（自动线 5 万元、柔性线 5 万元），第 4 季度建造生产线时需支付 5 万元（柔性线 5 万元）。生产线建造过程如表 3-17 所示。

表 3-17 生产线建造过程 单位：W(万元)

生产线	第1年1季度	第1年2季度	第1年3季度	第1年4季度	第2年1季度	总投资额
手工线	5万元建成					5
半自动线	8万元在建	建成				8
自动线	5万元在建	5万元在建	5万元在建	建成		15
柔性线	5万元在建	5万元在建	5万元在建	5万元在建	建成	20
当季投资总额	23	10	10	5		

【工作任务十一——在建生产线】

生产总监向财务总监申请当季在建生产线所需的现金(灰币)，并将灰币放置于生产中心的在建生产线净值的空桶里。

处于建造期的生产线，生产线净值的空桶中已有该条生产线建造期间的累计投资额，在建时只需将当季应投放的灰币放进空桶中即可，如图 3-9 所示。

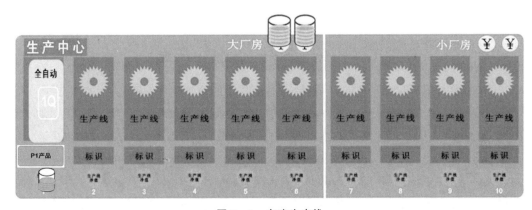

图 3-9 在建生产线

【工作任务十二——生产线转产】

当已建成的生产线，线上没有在产品时，生产总监可进行生产线转产操作。若该生产线转产不需要支付转产费，生产总监直接将该生产线的产品标识更换即可；若该生产线转产需要支付转产费，则生产总监先向财务总监申请转产所需的现金(灰币)，并把灰币放在费用区域的"转产费"处，同时撤下该生产线上的原标识，待转产周期结束后，再摆上新的产品标识即可，如图 3-10 所示。

生产线建造时已经确定了生产的产品种类，但是在企业运营过程中，为按时提交不同产品、不同数量的订单，可能会对生产线生产的产品进行适当的转产操作，转产时要求该生产线处于待生产状态，否则不可进行转产操作。

转产时，不同生产线的转产费用和转产周期是有区别的，具体详见规则说明。

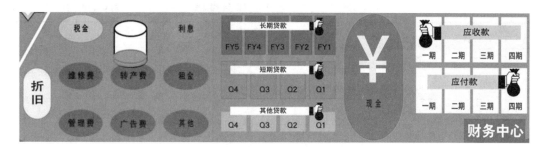

图 3-10　生产线转产

【举例】

假定规则规定手工线转产周期为 0 期、转产费用为 0 万元。若某手工线原定生产 P1 产品,现在需要转产为 P2 产品,则转产时要求该手工线线上没有在产品,且转产当季即可上线生产新的 P2 产品,无须支付转产费用。

假定规则规定半自动线转产周期为 1 期,转产费用为 1 万元。若某半自动线原定生产 P1 产品,现在需要转产为 P2 产品,则转产时要求该半自动线线上没有在产品,且需要进行 1 个季度的"生产线转产"操作以及支付相应的转产费用 1 万元后,方能上线生产新的 P2 产品。

【工作任务十三——出售生产线】

生产总监将需要出售的生产线退回给供应商,收回该生产线的产品标识;对于生产线净值处的灰币,按残值清点现金放入现金区域,将净值(生产线的原值减去累计折旧后的余额)与残值之间的差额即剩余的灰币,放在费用区域的"其他"处,如图 3-11 所示。

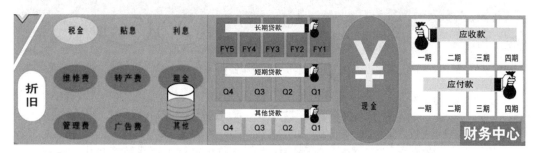

图 3-11　出售生产线

生产线出售的前提是该生产线是空置的,线上没有在产品。出售时按残值收取现金,将净值与残值之间的差额记为企业损失,放入"其他"处。已提足折旧的生产线不会产生出售损失,未提足折旧的生产线必然产生出售损失。

【举例】

假定规则规定半自动线建设期为 1 期、原值为 8 万元、净残值为 2 万元、使用年限为 4 年,若某企业第 1 年第 1 季度开建一条半自动线,则该生产线在第 1 年第 2 季度建成,只要该生产线处于待生产状态即可出售。

若生产线建成后当年将其出售,则会收到 2 万元现金,同时产生 6 万元损失(原值 8 万元－累计折旧 0 万元－净残值 2 万元);若第 2 年将其出售,则会收到 2 万元现金,同时产生 4 万元损失(原值 8 万元－累计折旧 2 万元－净残值 2 万元),依次类推。

【工作任务十四——开始生产】

生产总监向采购总监申请领用下一批开始生产所需要的原材料,各用空桶装着,放在空置的生产线上,再由财务总监从现金区取出相应的加工费,放进生产线上的空桶里,形成在产品,如图 3－12 所示。

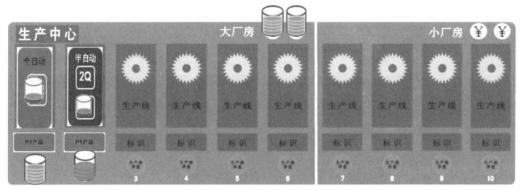

图 3－12　开始生产

开始下一批生产时,必须保证相应的生产线空闲、产品完成研发、生产原料充足、投产用的现金足够等条件,上述四个条件缺一不可。

【工作任务十五——更新生产,完工入库】

生产总监把每条生产线上的在产品向上移一格,表示更新生产。如果该操作导致在产品移出生产线外,则表示该在产品已完工,可将该产品移至产品仓库,该产品完工入库。更新生产、完工入库分别如图 3－13 和图 3－14 所示。

柔性线和全自动线的生产周期是 1 期,因此这两种生产线在第 1 季度开始生产,运营到第 2 季度时则可完工入库。而半自动线的生产周期是 2 期,第 2 季度更新生产,运营到第 3 季度才能完工入库;手工线的生产周期是 3 期,第 2、3 季度都要更新生产,运营到第 4 季度才能完工入库。

【举例】

A 公司拥有全自动线和半自动线各一条,运营至第 2 年第 1 季度时,两条生产线处于空置状态,均可上线生产,开始下一批生产时,共上线生产 2 个 P1 产品,把在产品 P1 放在全自动生产线的格子上,把在产品 P1 放在半自动生产线的第 1 个格子上。运营至第 2 年第 2 季度时,半自动生产线上的在产品 P1 从第 1 格子向上移动至第 2 个格子上,表示更新生产;全自动生产线上的在产品 P1 从线上移出,移至 P1 产品库中,表示完工入库。

3

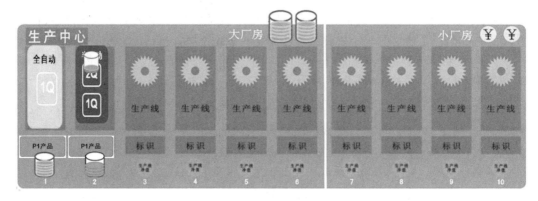

图 3 - 13 更新生产

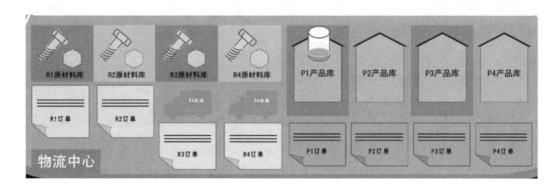

图 3 - 14 完工入库

【工作任务十六——申请长期贷款】

财务总监先计算本公司当前时间可以贷款的最大额度,再根据本公司需要申请的长期贷款数额到银行申请贷款,拿回所申请的现金(灰币)。回到本公司,将灰币放入盘面中财务中心的现金区域,再把空桶放在长期贷款的相应年份区域,表示申请长期贷款成功,如图 3 - 15 所示。

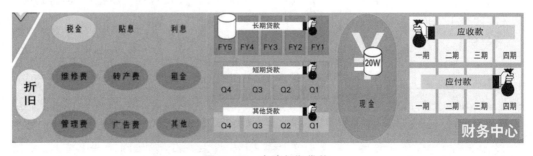

图 3 - 15 申请长期贷款

空桶内的贷款金额,如果空桶口朝上摆放,表示金额为 20 W(万元);如果桶口朝下摆放,表示金额为 10 W(万元);也可以写纸条,自定义金额数并放入空桶内。

长期贷款的贷款年限设有 1 年、2 年、3 年、4 年和 5 年五种。贷款额由企业在年度规划会议中根据企业运营规划确定,但不得超过最大贷款额度。

【举例】

若长期贷款年利率设定为 10%,贷款额度设定为上年末所有者权益的 3 倍,企业上年末所有者权益总额为 80 万元,则本年度贷款额度上限为 240 万元(80 ×3)。假定企业之前没有贷款,则本次贷款最大额度为本年度贷款额度的上限,即为 240 万元。若企业之前已经存在100 万元的贷款,则本次贷款最大额度为本年度贷款额度的上限减去已贷金额,即为140 万元。

若企业第 1 年年初贷入了 100 万元的长期贷款,期限为 5 年,则财务总监应在第 2～6 年的年初扣除长贷利息 10 万元(100 ×10%),并在第 6 年年初自动偿还贷款本金 100 万元。

【工作任务十七——申请短期贷款】

财务总监先自行计算本公司当前时间可以贷款的最大额度,再根据本公司需要申请的短期贷款数额,到银行申请贷款,拿回所申请的现金(灰币)。回到本公司,将灰币放入盘面中财务中心的现金区域,再把相应的空桶放在短期贷款的相应年份区域,表示申请短期贷款成功,如图 3-16 所示。

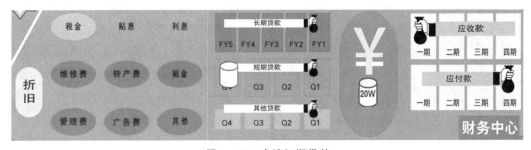

图 3-16　申请短期贷款

短期贷款期限默认为 1 年,到期一次还本付息,贷款年利率由教师在教学年开始前设定,短期贷款申请时不得超过当季的最大贷款额度。

【举例】

假定企业短期贷款年利率为 5%,企业若在第 1 年第 1 季度贷入短期贷款 20 万元,那么,企业需在第 2 年第 1 季度偿还该笔贷款的本金 20 万元和利息 1 万元(20×5%)。

【工作任务十八——应收款更新】

财务总监把应收款区域的装有灰币的桶向前推移一格,表示应收款更新。如果此操作使该桶应收款移出应收款区域,就把该桶应收款放入现金区域,表示应收款到期,收回应收款,增加了企业的库存现金,如图 3-17 所示。

应收款更新操作实质上是将企业所有的应收款项减少 1 个账期。它分为两种情况：一是针对本季度尚未到期的应收款,将其账期减少 1 个季度;二是针对本季度到期的应收款,即增加企业的库存现金。

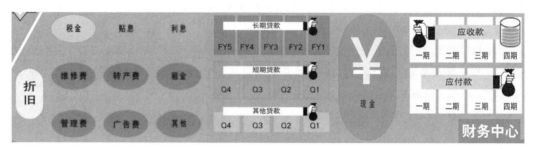

图 3-17 应收款更新

【工作任务十九——贴现】

此操作随时可进行,根据需要贴现的应收账款数额,选好贴现期,财务总监在应收款区域的装有应收款的桶中,清点需要贴现的应收账款数额,将贴息额放在费用区域的"贴息"处,其余灰币放入现金区,如图 3-18 所示。

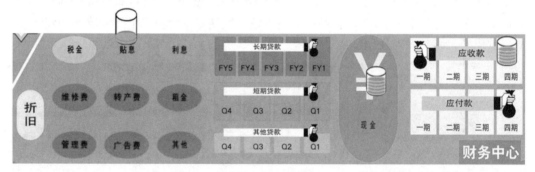

图 3-18 贴现

贴现是指提前收回未到期的应收款,因为该应收款并非正常到期收回,所以贴现时应支付相应的贴现利息。不论应收款期限长短,每贴现 7 万元,应支付 1 万元的贴现费。这一操作一般在企业存在现金短缺,且无法获得成本更低的正常贷款取得现金流时才考虑使用。

【工作任务二十——填写报表】

第 4 季度运营结束后,财务总监需要依次填写当年的综合管理费用表、利润表、资产负债表,填写后交给教师,所有报表均依据盘面数据填写。具体报表详见附录二学员手册。

综合管理费用表反映企业期间费用的情况,具体包括：管理费、广告费、设备维护费、厂房租金、市场开拓费、ISO 认证费、产品研发费、信息费和其他等项目。其中信息费是指企业为查看竞争对手的企业信息而支付的费用,具体由规则确定。

利润表反映企业当期的盈利情况,具体包括:销售收入、直接成本、综合费用、折旧、财务费用、所得税等项目。其中销售收入为当期按订单交货后取得的收入总额,直接成本为当期销售产品的总成本,综合费用根据"综合管理费用表"中的合计数填列,折旧为当期生产线折旧总额,财务费用为当期借款所产生的利息与贴息额合计数,所得税根据税前利润总额计算。

数值为0时必须填写阿拉伯数字"0",不填数字视同填报错误。

下列项目的计算公式如下:

(1)销售毛利=销售收入-直接成本。

(2)折旧前利润=销售毛利-综合费用。

(3)支付利息前利润=折旧前利润-折旧费用。

(4)税前利润=支付利息前利润-财务费用。

(5)净利润=税前利润-所得税费用。

资产负债表反映企业当期财务状况,具体包括:库存现金、应收款、在制品、成品、原料等流动资产;土地建筑物、机器设备和在建工程等固定资产;长期借款、短期借款、特别贷款、应交税费等负债;以及股东资本、利润留存、年度净利等所有者权益项目。

其中,相关项目的填列方法如下:

(1)库存现金根据企业现金结存数填列。

(2)应收款根据应收款余额填列。

(3)在制品根据在产品的产品成本填列。

(4)成品根据结存在库的完工产品总成本填列。

(5)原料根据结存在库的原料总成本填列。

(6)土地建筑物根据购入的厂房总价值填列。

(7)机器设备根据企业拥有的已经建造完成的生产线的总净值填列。

(8)在建工程根据企业拥有的在建的生产线总价值填列。

(9)长期借款根据长期借款余额填列。

(10)短期借款根据短期借款余额填列。

(11)特别贷款根据后台特别贷款总额填列。

(12)应交税费根据计算出的应缴纳的所得税金额填列。

(13)股东资本根据企业收到的股东注资总额填列。

(14)利润留存根据截至上年末的企业的利润留存(上一年的利润留存+上一年的年度净利=本年度的利润留存)情况填列。

(15)年度利润根据本年度利润表中的净利润填列。

小贴士

财务总监如何制定资金规则?

3

【工作任务二十一——产品研发】

总经理决策完成后,营销总监向财务总监申请研发产品所需的现金(灰币),并把从现金区取出的灰币分别用空桶装着,放到产品生产资格区域,如图 3-19 所示。

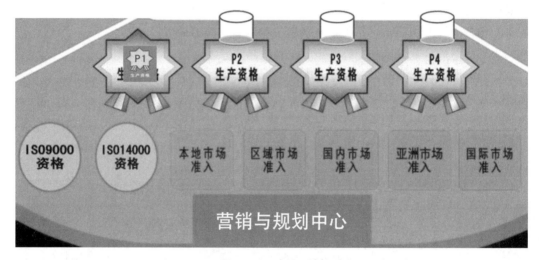

图 3-19 产品研发

产品研发按照季度来投资,每个季度均可操作,中间可以中断投资,直至产品研发完成,产品研发成功后方能生产相应的产品。P1 产品生产资格不用研发,公司本身就拥有P1 产品生产资格。产品研发的规则详见规则说明。

【举例】

若规则规定 P2、P3、P4 产品的研发规则如前面表 3-7 所示。

某企业在第 1 年第 1 季度初同时研发上述 3 种产品,且中间不中断研发,则第 1 年第 1季度需支付研发费用 3 W(万元),第 1 季度无产品研发完成;第 1 年第 2 季度需支付研发费用 3 W(万元),第 2 季度无产品研发完成;第 1 年第 3 季度需支付研发费用 3 W(万元),此时P2 产品研发完成,第 4 季度即可生产 P2 产品;第 1 年第 4 季度需支付研发费用 2 W(万元),此时 P3 产品研发完成,第 2 年第 1 季度即可生产 P3 产品;第 2 年第 1 季度需支付研发费用1 W(万元),此时,P4 产品研发完成,第 2 年第 2 季度即可生产 P4 产品。具体产品研发过程如表 3-18 所示。

表 3-18 产品研发过程　　　　　　　　　　　　　　单位:W(万元)

产品	第 1 年 第 1 季度	第 1 年 第 2 季度	第 1 年 第 3 季度	第 1 年 第 4 季度	第 2 年 第 1 季度	第 2 年 第 2 季度
P2	1	1	1	研发完成		
P3	1	1	1	1	研发完成	

续　表

产品	第1年第1季度	第1年第2季度	第1年第3季度	第1年第4季度	第2年第1季度	第2年第2季度
P4	1	1	1	1	1	研发完成
当季投资总额	3	3	3	2	1	

【工作任务二十二——ISO 投资】

总经理进行决策后,营销总监向财务总监申请投资 ISO 所需的现金(灰币),并把从现金区取出的灰币分别用空桶装着,放至 ISO9000 资格或 ISO14000 资格区域,如图 3-20 所示。

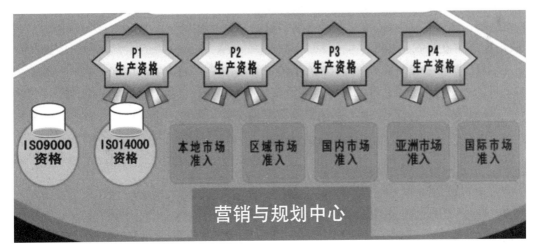

图 3-20　ISO 投资

ISO 投资包括产品质量(ISO9000)认证投资和产品环保(ISO14000)认证投资。企业若想在订货会上选取带有 ISO 认证的订单,必须取得相应的 ISO 认证资格,否则不能选取该订单。ISO 投资每年进行一次,可中断投资,直至 ISO 投资完成。

【举例】

若企业在订单市场中想选择带有 ISO9000 认证的产品订单,则该企业必须已经完成 ISO9000 资格的投资,否则不能选择该订单。

假定 ISO 投资规则如表 3-8 所示,企业若在第 1 年同时开始投资 ISO9000 资格和 ISO14000 资格,中间不中断投资,则第 1 年该企业需支付 ISO 投资额 2 万元(ISO9000 投资费用 1 万元＋ISO14000 投资费用 1 万元),第 2 年该企业还需支付 ISO 投资额 2 万元,此时完成 ISO9000 资格投资,该企业方可在第 3 年的年度订货会中选取带有 ISO9000 资格要求的订单;第 3 年该企业还需支付 ISO 投资额 1 万元,此时完成 ISO14000 资格投资,该企业方可在第 4 年的年度订货会中选取带有 ISO14000 资格要求的订单。

任务二　市场预测

【任务引例】

近年来,我国新能源高端车型的销量持续向好,走势喜人。整个新能源汽车市场的蓬勃发展,其背后是车型的日益丰富。目前,新能源汽车已经形成类似燃油车的不同价位细分市场,且价格区隔更为细化。

其中,在40万元以上区隔,中国品牌已经对奔驰、宝马、奥迪等传统豪华品牌构成有力竞争。中国品牌在40万元以上区隔的出色表现,主要源于其过硬的品质和智能化领先的优势。中国汽车工业协会(以下简称"中汽协")表示,通过智能网联融合,中国品牌乘用车企业占据了先机,甚至在某些技术领域已经超越合资品牌。中汽协还表示,凭借对中国汽车消费市场的精准把握,中国品牌得到了更多年轻消费者的青睐,加之本土供应链的依托,中国品牌抢占了更多机会。

尽管新能源汽车行业在2022年上半年受到疫情冲击,但在5月中下旬以来,政府连续出台了一系列促进消费和稳定经济增长的举措。北京、上海、广东、湖北、山东等多地出台政策,对购买新能源汽车的个人消费者给予3000～20000元不等的优惠补贴。在政策刺激下,新能源车消费市场强势复苏,6月份多家车企销量创历史新高。

除此之外,持续的油价上浮也导致了新能源汽车性价比的提升。随着供应链相继得到改善,新能源汽车的订单大量增加。

对于2022年下半年的新能源汽车市场,业内人士普遍给予良好预期。根据中汽协预测,我国新能源汽车2022年全年销量有望同比增长56%以上。其中,乘用车的市场需求仍比较积极。

中信证券发布研报称,基于优质电车供给的丰富、补能网络的逐渐完备,以及新能源车消费者认同度的提升,2023年全年新能源乘用车销量预测将上调至570万辆,同比增长上调至71.5%。

【知识准备与业务操作】

市场预测是在市场调查获得的各种信息和资料的基础上,通过分析研究,运用科学的预测技术和方法,对市场未来的商品供求趋势、影响因素及其变化规律所作的分析和推断。

预测应该遵循一定的程序和步骤,以使工作有序化。市场预测的过程大致包括以下步骤。

1. 确定目标

明确目的,是开展市场预测工作的第一步,因为预测的目的不同,预测的内容和项目、所需要的资料和所运用的方法都会有所不同。明确预测目标,就是根据经营活动存在的问题,拟定预测的项目,制订预测工作计划,编制预算,调配力量,组织实施,以保证市场预测工作有计划、有节奏地进行。

2. 搜集资料

进行市场预测必须有充分的资料。有了充分的资料,才能为市场预测提供分析、判断的可靠依据。在市场预测计划的指导下,调查和搜集预测的相关资料是进行市场预测的重要一环,也是预测的基础性工作。

3. 选择方法

根据预测的目标以及各种预测方法的适用条件和性能,选择合适的预测方法。有时可以运用多种预测方法来预测同一目标。预测方法的选用是否恰当,将直接影响预测的精确性和可靠性。运用预测方法的核心是建立描述、概括研究对象特征和变化规律的模型,根据模型进行计算或者处理,即可得到预测结果。

4. 分析修正

分析判断是对调查搜集的资料进行综合分析,通过判断、推理,使感性认识上升为理性认识,从事物的现象深入事物的本质,从而预计市场未来的发展变化趋势。在分析评判的基础上,通常还要根据最新信息对原预测结果进行评估和修正。

5. 编写报告

预测报告应该概括预测研究的主要活动过程,包括预测目标、预测对象和有关因素的分析结论、主要资料和数据、预测方法的选择和模型的建立以及对预测结论的评估、分析和修正等。

一、本地市场预测

"知己知彼,百战不殆"。企业在开始经营前应对市场进行分析,确立发展目标以及销售方向。若盲目建造生产线,扩大产能,则容易导致产能过剩;若一味保守,停滞不前,则难以达到盈利的目的。本地市场 P 系列产品需求量预测如图 3 – 21 所示,本地市场 P 系列产品价格预测如图 3 – 22 所示。

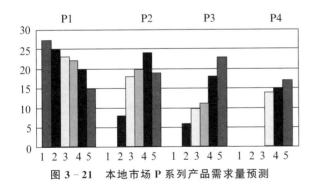

图 3 – 21　本地市场 P 系列产品需求量预测

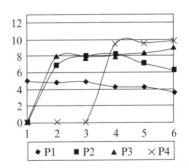

图 3 – 22　本地市场 P 系列产品价格预测

从图 3 – 21 中,我们可以看出本地市场 P 系列产品的市场将会持续发展,客户对低端产品的需求可能会出现下滑。伴随着需求的减少,低端产品的价格很有可能走低。随着高端产品的成熟,市场对 P3、P4 产品的需求将会逐渐增大。由于客户对质量意识的不断提高,后几年市场可能对产品的 ISO9000 认证和 ISO14000 认证有更多的需求。

价格是影响企业利润的一个重要因素,市场中的订单价格大都各不相同,市场均价只能作为企业预测利润的参考依据。通过图 3-22,可以更直观地显示出均价变化,有助于企业理解分析市场。从图 3-22 中可以看出 P1 产品市场平均单价呈下降趋势;P2 产品市场平均单价波动较大,先升后降;P3 产品市场平均单价并无特别的变化,一直比较平稳,后期有上升;P4 产品市场平均单价波动较小,价格比较高。

二、区域市场预测

区域市场 P 系列产品需求预测如图 3-23 所示,区域市场 P 系列产品价格预测如图 3-24 所示。

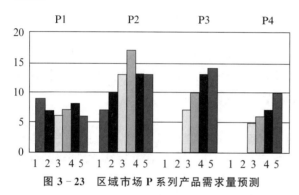

图 3-23　区域市场 P 系列产品需求量预测

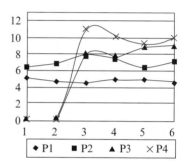

图 3-24　区域市场 P 系列产品价格预测

从图 3-23 中我们可以看出区域市场的客户相对稳定,对 P 系列产品需求的变化很有可能比较平稳。因紧邻本地市场,所以产品需求量的走势可能与本地市场相似,价格趋势也应大致一样。该市场容量有限,对高端产品的需求也可能相对较小,但客户会对产品的 ISO9000 认证和 ISO14000 认证有较高的要求。

图 3-24 可以更直观地显示出均价变化,有助于企业理解分析市场。从图 3-24 中可以看出 P1 产品市场平均单价波动比较小;P2 产品市场平均单价有所波动,先升后降再升;P3 产品市场平均单价总体呈上升趋势;P4 产品市场平均单价波动较大,早期价格比较高,然后有所下降,后期有轻微上升。

三、国内市场预测

国内市场 P 系列产品需求量预测如图 3-25 所示,国内市场 P 系列产品价格预测如图 3-26 所示。

从图 3-25 中我们可以看出因 P1 产品带有较浓的地域色彩,预测国内市场对 P1 产品不会有持久的需求。但 P2 产品因更适合国内市场,预测需求量一直比较平稳。随着国内市场对 P 系列产品的逐渐认同,预测对 P3 产品的需求会发展较快。但国内市场对 P4 产品的需求就不一定像 P3 产品那样旺盛了。当然,对高价值的产品来说,客户一定会更注重产品的质量认证。

图 3-26 能更直观地显示出均价变化,有助于企业理解分析市场。从图 3-26 中可以看出 P1 产品市场平均单价呈下降趋势;P2 产品市场平均单价早期比较平稳,后期下降

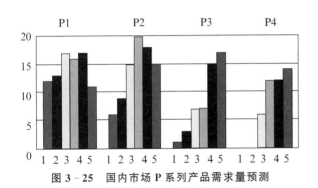

图 3-25 国内市场 P 系列产品需求量预测

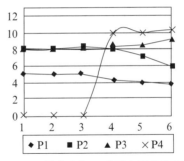

图 3-26 国内市场 P 系列产品价格预测

较多;P3 产品市场平均单价比较平稳,后期呈上升趋势;P4 产品市场平均单价早期价格比较高,之后有波动,后期有上升趋势。

四、亚洲市场预测

亚洲市场 P 系列产品需求量预测如图 3-27 所示,亚洲市场 P 系列产品价格预测如图 3-28 所示。

从图 3-27 中我们可以看出亚洲市场一向波动较大,所以对 P1 产品的需求可能起伏较大,预测对 P2 产品的需求走势与 P1 相似。但该市场对新产品很敏感,因此预测对 P3、P4 产品的需求量会发展较快,价格也可能不菲。另外,亚洲市场的消费者很看重产品的质量,所以没有 ISO9000 认证和 ISO14000 认证的产品可能很难销售。

图 3-28 能更直观地显示出均价变化,有助于企业理解分析市场。从图 3-28 中可以看出 P1 产品市场平均单价呈下降趋势;P2 产品市场平均单价早期比较平稳,后期有轻微波动;P3 产品的市场平均单价比较平稳,后期上升较多;P4 产品市场平均单价早期价格比较高,之后有波动,后期有上升趋势。

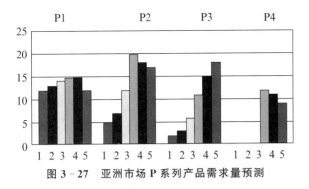

图 3-27 亚洲市场 P 系列产品需求量预测

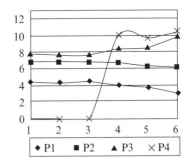

图 3-28 亚洲市场 P 系列产品价格预测

五、国际市场预测

国际市场 P 系列产品需求量预测如图 3-29 所示,国际市场 P 系列产品价格预测如图 3-30 所示。

从图 3-29 中我们可以看出 P 系列产品进入国际市场可能需要一个较长的时期。有迹象表明,国际市场对 P1 产品已经有所认同,但还需要一段时间才能被市场接受。同样,国际市场对 P2、P3 和 P4 产品也会很谨慎地接受,需求发展较缓慢。当然,国际市场的客户也会关注具有 ISO 认证的产品。

图 3－30 能更直观地显示出均价变化,有助于企业理解分析市场。从图 3－30 中可以看出 P1 产品市场平均单价有所波动,后期呈上升趋势;P2 产品市场平均单价比较平稳,几乎没有波动;P3 产品市场平均单价波动非常大,先大降,再大升;P4 产品因需求为零而没有市场平均单价预测。

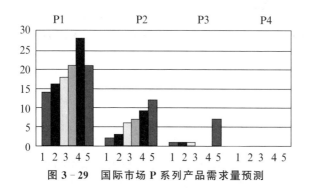

图 3－29   国际市场 P 系列产品需求量预测

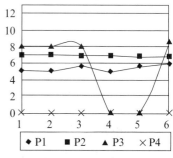

图 3－30   国际市场产品价格预测

什么情况下市场容量会达到饱和,我们可以用以下公式对市场容量进行测算:

(1) 市场平均线＝市场需求÷组数÷4。

(2) 当实际平均线＞市场平均线时,市场处于供过于求状态。

(3) 当实际平均线＝市场平均线时,市场处于饱和状态。

(4) 当实际平均线＜市场平均线时,市场处于供不应求状态。

“市场需求”即为当年市场的总需求量,“组数”为企业的总数量,“4”为一条全自动生产一年所能生产的产品数量(以全自动生产线作为标准参照物),“市场平均线”即为当年市场的总需求量理论上能容纳的各企业的生产线规模;“实际平均线”即为根据各企业实际生产线规模计算出来的平均值。

赛题链接

2019 年某省职业院校技能大赛沙盘模拟经营技能竞赛方案(高职组)

本次大赛采用新道科技股份有限公司的“约创云平台 V1.1”(以下简称系统)进行经营操作。每支参赛队应包含 4 名队员,4 个选手各司其职,协力完成 4 个年度周期的企业经营,对企业的采购、研发、生产、销售、计划、财务核算、筹资投资等管理流程进行统筹管理。本模块主要考察学生的科学决策、统筹思维和全面质量管理的系统管理意识,以及经营管理综合应用、团队合作、沟通协调等能力。

内容包括从战略层面进行内部资源与外部环境评估、长中短期策略制定、市场趋势预测及既定战略调整;从财务层面进行投资计划制订、掌握资金来源及用途、妥善控制成本,编制及分析财务报表;从运营层面进行产品研发决策、生产采购流程决策、库存管理、产销结合匹配市场需求;从营销层面进行市场开发决策、新产品开发、产品组合与市场决策定位。在竞赛中,学生们将遇到企业经营中常出现的各种典型问题以及市场中变幻莫测的各种情况。参赛学生需要发现机遇,分析问题,制定决策,并且加以执行,解决问题,从而实现企业盈利及可持续发展。

【项目小结】

市场规则是国家为了保证市场有序运行而依据市场运行规律所制定的规范市场主体活动的各种规章制度,包括法律、法规、契约和公约等。市场规则可以有效地约束和规范市场主体的市场行为,使其有序化、规范化和制度化,保证市场机制正常运行并发挥应有的优化资源配置的作用。没有一个好的市场规则,市场秩序就无从建立,市场难以发挥它在资源配置中的基础作用。

现代企业经营管理的重点在企业决策,企业决策的基础是信息,市场预测是给企业决策提供信息的重要手段,作好市场预测有益于决策者提高市场预见能力和判断能力。市场预测的重要性主要体现在以下方面。

(1) 市场预测是企业经济活动的起点和经营决策的前提。

(2) 有利于更好地满足消费需求。

(3) 有利于实现资源有效配置。

(4) 有利于提高企业的经济效益。

【项目训练】

对市场进行分析,确立发展目标及销售方向,并进行第一年经营。

项目四　经 营 分 析

教学目标

◆ 知识目标

1. 熟练掌握 ERP 模拟企业的经营流程。

2. 熟练掌握 ERP 模拟企业的经营记录方法。

◆ 技能目标

1. 能记录模拟企业经营过程中的各个生产要素变化的情况。

2. 能按照工作岗位要求进行规范的操作,完成各自的经营任务。

◆ 素养目标

1. 培养团队合作精神,提高分工协作能力。

2. 培养对经营管理企业的认同感和责任感。

3. 引导树立契约意识,培养契约精神。

 知识导图

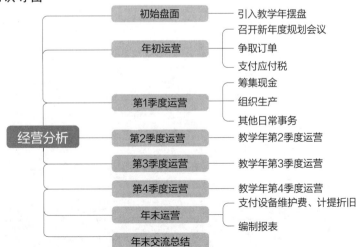

引导案例

2020年7月21日,习近平总书记主持召开企业家座谈会时指出,企业家要带领企业战胜当前的困难,走向更辉煌的未来,就要弘扬企业家精神,在爱国、创新、诚信、社会责任和国际视野等方面不断提升自己。在讲话中,习近平总书记面向企业家明确提出五点希望。

第一,希望大家增强爱国情怀。企业营销无国界,企业家有祖国。优秀企业家必须对国家、对民族怀有崇高使命感和强烈责任感,把企业发展同国家繁荣、民族兴盛、人民幸福紧密结合在一起,主动为国担当、为国分忧。企业家爱国有多种实现形式,但首先是办好一流企业,带领企业奋力拼搏、力争一流,实现质量更好、效益更高、竞争力更强、影响力更大的发展。

第二,希望大家勇于创新。创新是引领发展的第一动力。企业家创新活动是推动企业创新发展的关键。美国的爱迪生、福特,德国的西门子,日本的松下幸之助等著名企业家都既是管理大师,又是创新大师。创新就要敢于承担风险。敢为天下先是战胜风险挑战、实现高质量发展特别需要弘扬的品质。大疫当前,百业艰难,但危中有机,唯创新者胜。企业家要做创新发展的探索者、组织者、引领者,勇于推动生产组织创新、技术创新、市场创新,重视技术研发和人力资本投入,有效调动员工创造力,努力把企业打造成为强大的创新主体,在困境中实现凤凰涅槃、浴火重生。

第三,希望大家诚信守法。人无信不立,企业和企业家更是如此。社会主义市场经济是信用经济、法治经济。企业家要同方方面面打交道,调动人、财、物等各种资源,没有诚信寸步难行。法治意识、契约精神、守约观念是现代经济活动的重要意识规范,也是信用经济、法治经济的重要要求。企业家要做诚信守法的表率,带动全社会道德素质和文明程度提升。

第四,希望大家承担社会责任。企业既有经济责任、法律责任,也有社会责任、道德责任。社会是企业家施展才华的舞台。只有真诚回报社会、切实履行社会责任的企业家,才能真正得到社会认可,才是符合时代要求的企业家。在防控新冠肺炎疫情斗争中,广大企业家积极捐款捐物,提供志愿服务,做出了重要贡献,值得充分肯定。当前,就业压力加大,部分劳动者面临失业风险。关爱员工是企业家履行社会责任的一个重要方面,要努力稳定就业岗位,关心员工健康,同员工携手渡过难关。

第五,希望大家拓展国际视野。有多大的视野,就有多大的胸怀。过去10年,我国企业走出去步伐明显加快,更广更深地参与国际市场开拓,产生出越来越多的世界级企业。近几年,经济全球化遭遇逆流,经贸摩擦加剧。一些企业基于要素成本和贸易环境等方面的考虑,调整了产业布局和全球资源配置,这是正常的生产经营调整。同时,我们应该看到,中国是全球最有潜力的大市场,具有最完备的产业配套条件。企业家要立足中国,放眼世界,提高把握国际市场动向和需求特点的能力,提高把握国际规则的能力,提高国际市场开拓的能力,提高防范国际市场风险的能力,带动企业在更高水平的对外开放中实现更好发展,促进国内国际双循环。

案例思考

1. 企业家精神的内涵是什么?

2. 什么样的企业家行为可以代表"企业家精神"?

任务一　初始盘面

【任务引例】

用友 ERP
沙盘模拟
授课

信念是一种无坚不摧的力量,当你坚信自己能够成功时,你必能成功。

一天,我发现,一只黑蜘蛛在后院的两檐之间结了一张很大的网,难道蜘蛛会飞? 要不,从这个檐头到那个檐头,中间有一丈余宽,第一根线是怎么拉过去的? 后来,我发现蜘蛛走了许多弯路——从一个檐头起,打结,顺墙而下,一步一步向前爬,小心翼翼,翘起尾部,不让丝沾到地面的沙石或别的物体上,走过空地,再爬上对面的檐头,高度差不多了,再把丝收紧,以后也是如此。

温馨提示:蜘蛛不会飞翔,但它能够把网结在半空中。它是勤奋、敏感、沉默而坚韧的昆虫,它的网织得精巧而规矩,八卦形地张开,仿佛得到神助。蜘蛛结网使人不由想起那些沉默寡言的人和一些深藏不露的智者。蜘蛛不会飞翔,但它照样把网结在空中。奇迹是执着者造就的。

【知识准备与业务操作】

根据项目一任务二"熟悉 ERP 沙盘场景"及任务三"认知企业"所描述的某公司教学年的经营状况,在新道物理沙盘盘面的各运营中心处进行摆盘。

每组的沙盘工具准备如下:

空桶 6 个;灰币 40 枚;手工生产线 3 张;P1 生产标识 3 张;P1 生产资格 1 张;本地市场标识 1 张。

【业务操作】

【工作任务——引入教学年摆盘】

市场分析
视频

各个部门教学年的盘面情况如下所示。

(1) 生产管理中心。企业目前经营状况良好,已拥有 1 个厂房,3 条手工生产线,用于生产 P1 产品,每条生产线的净值为 5W(万元),盘面摆放如图 4-1 所示。

(2) 物流管理中心。企业去年第 4 季度已经下单了 3 个 R1 原材料的订单,订单将在今年第 1 季度货到付款,盘面摆放如图 4-2 所示。

(3) 财务管理中心。企业目前资金流正常,账户内有现金 3W(万元)。财务管理中心盘面摆放如图 4-3 所示。

（4）营销与规划中心。目前企业已获取本地市场准入资格，可在本地市场经营业务，并已取得 P1 产品生产资格。营销与规划中心盘面摆放如图 4-4 所示。

企业目前的财务状况及经营成果如图 4-5 所示。

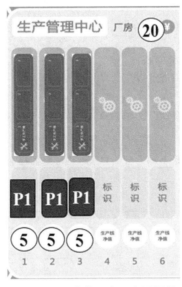

图 4-1　生产管理中心盘面摆放

图 4-2　物流管理中心盘面摆放

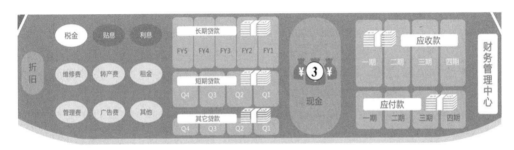

图 4-3　财务管理中心盘面摆放

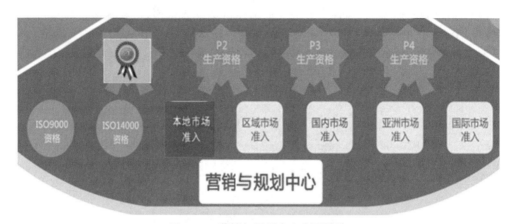

图 4-4　营销与规划中心盘面摆放

利润表项目	单位：W(万元)
项目	金额
销售收入	+
直接成本	−
毛利	=
营业费用	− 2
折旧前利润	=
折旧	−
支付利息前利润	= −2
财务收入/支出	+/−
额外收入/支出	+/−
税前利润	= −2
所得税	−
净利润	= −2

资产负债表项目			单位：W(万元)
资产	金额	负债和所有者权益	金额
流动资产：		负债：	
库存现金	3	长期负债	0
应收款	0	短期负债	0
在制品	0	应付账款	0
成品	0	应交税费	0
原料	0		
流动资产合计	3	负债合计	0
固定资产		所有者权益：	
厂房	20	股东资本	40
生产线	15	利润留存	0
在建工程	0	年度净利	−2
固定资产合计	35	所有者权益合计	38
资产合计	38	负债和所有者权益合计	38

图 4-5　企业目前的财务状况及经营情况

任务二　年初运营

【任务引例】

一位武学高手在一场典礼中,跪在武学宗师的面前,正准备接受得来不易的黑带。

"在颁给你黑带之前,你必须再通过一个考验。"武学宗师说。"我准备好了。"徒弟答道,心中以为可能是最后一回合的拳术考试。"你必须回答最基本的问题：黑带的真义是什么?""是我学武历程的结束。"徒弟不假思索地回答："是我辛苦练功应该得到的奖励。"武学宗师等了一会儿,最后他开口了："你还没有到拿黑带的时候,一年后再来。"

一年后,宗师又问了同样的问题。"是本门武学中杰出和最高成就的象征。"徒弟说。武学宗师对其回答仍然不满意,让其一年后再来。

又过了一年,徒弟这次的回答是:"黑带代表开始,代表无休无止的纪律、奋斗和追求更高标准的历程的起点。""好,你已经准备就绪,可以接受黑带并开始奋斗了。"

在激烈的竞争环境中,企业成立代表着一个新的里程碑,是一个起点。企业成立之始,或许在专业技术上有短暂的优势,但企业的经营不是只靠技术。企业的领导者必须要和团队共同运作,要有能激发团队奉献的愿景,要有管理的机制,更重要的是领导者要有规划地去学习经营与管理。现在就让我们共同经营属于我们的企业吧。

【知识准备与业务操作】

初次接触沙盘时,往往不知道该怎样在沙盘上操作,常常出现手忙脚乱的情况。所以在手工沙盘的开始,我们设计了一个教学年的任务,在这个项目中,同学们在老师的带领下按照操作流程试运营一年,熟悉运营规则,掌握摆盘、记账等的具体操作,并懂得资金在经营活动中的重要性。

企业的初始经营状态在项目二及本项目任务一中有详细的说明。在教学年中我们假设各个企业:不进行产品研发、不购买新厂房、不开拓新市场、不进行 ISO 认证、第 1 季度开始生产。

一、召开新年度规划会议

年初,企业应当谋划全年的经营,预测可能出现的情况,分析可能面临的问题和困难,寻找解决问题的途径和办法,使企业未来的经营活动处于掌控之中。为此,企业首先应当召集各业务主管举行新年度规划会议,初步制订企业本年度的投资规划。

二、争取订单

(一)投广告,参加订货会,获得订单

企业要在激烈的竞争环境中生存、发展,必须要销售产品、获得盈利。对于沙盘企业而言,销售产品的唯一途径就是参加产品订货会,争取销售订单。营销总监参加产品订货会需要在目标市场投放广告,只有投放了广告,企业才有资格在该市场争取订单。

(二)登记销售订单

拿回订单后,营销总监负责在教学的"订单登记表"中逐一登记订单。

三、支付应付税

依法纳税是每个公民应尽的义务。企业在年初应支付上一年应交的税费。企业按照上年资产负债表中"应交税费"项目的数值缴纳税费。缴纳税费时,财务总监从现金库中拿出相应的现金放在盘面"综合费用"的"税金"处,并在运营表对应的方格内记录现金的减少数。

岗位说明

岗位名称	工作内容
总经理	组织召开新年度规划会议,制订年度经营计划;组织团队完成年初运营
营销总监	明确年度销售规划、争取订单
生产总监	明确生产管理中心发展规划和生产计划
采购总监	明确年度采购计划
财务总监	明确财务计划,年初申请长期贷款

【工作任务一——召开新年度规划会议】

结合企业运营规则,在老师的指导下,感受运营过程,解决运营过程中的操作问题,按附录二中的总经理运营表、财务总监运营表、采购总监运营表、生产总监运营表、营销总监运营表的操作顺序及相关表格,完成各项操作任务。

【任务分析】

新年度规划会议一般由团队的总经理主持召开,与团队中的采购总监、生产总监、销售总监等负责人一起进行全年的市场预测分析、广告投放、订单选取、产能扩张、产能安排、材料订购、订单交货、产品研发、市场开拓、筹资管理和现金控制等方面的分析和决策规划,最终完成全年运营的财务预算。召开新年度规划会议的操作步骤如表 4-1 所示。

【操作步骤】

表 4-1   新年度规划会议的操作步骤

任务	操作人	操作要点及步骤
召开新年度规划会议	总经理	制定发展战略、明确发展方向: ① 企业以生产 P1、P2、P3 产品为主还是 P4 产品为主? ② 市场应主攻本地市场、区域市场、国内市场、亚洲市场还是国际市场? ③ 何时增大企业自身的产能?应增加多少条生产线? 在"总经理运营表"中的"新年度规划会议"任务后打"√"
	营销总监	制订销售计划: ① 销售什么产品?计划在什么市场进行销售? ② 如何投放广告? ③ 何时开发新市场?何时开发新产品?
	生产总监	制订生产计划: ① 生产什么产品?生产多少?何时安排生产? ② 现有生产设备下企业的产能是多少? ③ 根据发展规划购进设备后的产能又是多少?

续　表

任务	操作人	操作要点及步骤
召开新年度规划会议	采购总监	制订采购计划： 根据生产计划,准确计算何时下原料订单？采购什么原料？采购多少数量？
	财务总监	制订资金计划： ① 根据销售计划准备好广告费；根据生产计划准备好加工费；根据采购计划准备好原料费；根据产能的扩大,准备资金购买设备； ② 考虑债务到期偿还、管理费、设备维修费、市场开发费的支付等

【工作任务二——争取订单】

【任务分析】

在争取订单这一任务中,共包括以下内容：投放广告、参加订货会、拿订单和登记销售订单。

营销总监在收集市场信息、了解竞争对手和分析市场预测的情况下,根据企业自身的产能,合理地进行广告投放,争取在订货会上取得更好的订单。经管理层会议研究决定,本年度参加订货会时投入 1 W(万元)的广告费。

获取订单后,为了将已经销售和尚未销售的订单进行区分,营销总监在登记订单时,只登记订单号、销售数量、账期、销售额,暂时不登记成本、毛利和未售情况,当产品销售时,再登记剩余项目。争取订单的操作步骤如表 4-2 所示。

【操作步骤】

表 4-2　争取订单的操作步骤

任务	操作人	操作要点及步骤
投放广告、参加订货会、拿订单	财务总监	① 取出 1 W(万元)现金交付营销总监； ② 在"财务总监运营表"中的"参加订货会,支付广告费"任务后注明"-1"； ③ 在"教学年综合费用明细表"中的"广告费用"项目内填"1 W"
	营销总监	参加订货会,并取回一张销售订单
	总经理及其他人员	在"总经理运营表""采购总监运营表""生产总监运营表"中相应的任务后打"√"
登记销售订单	营销总监	将本年度的销售单登记到订单登记表中：① 市场：本地；② 产品：P1；③ 数量：5；④ 销售额：25 W；⑤ 账期：0 期
	总经理及其他人员	在"总经理运营表""财务总监运营表""采购总监运营表""生产总监运营表"中相应的任务后打"√"

【工作任务三——支付应付税】

【任务分析】

企业所得税的税率为 25%，财务总监按照上一年利润表中所得税的数额支付。支付应付税的操作步骤如表 4-3 所示。

【操作步骤】

表 4-3 支付应付税的操作步骤

任务	操作人	操作要点及步骤
支付应付税	财务总监	① 在现金区取出 1 W(万元)现金放到"税金"处； ② 在"财务总监运营表"中的"支付应付税"任务后注明"-1"

任务三 第 1 季度运营

【任务引例】

风靡全国,中国较成功的桌游《三国杀》,其创始人黄恺是一位大学生创业者。黄恺大学就读中国传媒大学动画学院游戏设计专业,他在大学时期就开始"不务正业",模仿国外桌游设计出了具有中国特色、符合国人娱乐风格的桌游《三国杀》。2006 年 10 月,读大二的黄恺开始在淘宝网上卖《三国杀》,没想到大受欢迎。毕业后的黄恺并没有任何找工作的打算,而是借了 5 万元注册了一家公司,开始做起《三国杀》的生意。2009 年 6 月底,《三国杀》成为中国被移植至网游平台的一款桌上游戏;2010 年,《三国杀》正版桌游售出 200 多万套。粗略估计,《三国杀》迄今为止至少给黄恺带来了几千万元的收益,并且随着《三国杀》品牌的发展,收益还将会继续增加。

从 5 万元发展到几千万元,到底企业是如何赚钱的？企业的日常经营又是如何开展的？让我们也来感受一下吧。

【知识准备与业务操作】

参加订货会,拿到订单后,企业就可以按照运营规则和工作计划进行经营了。沙盘企业日常运营应当按照一定的流程来进行,这个流程就是"总经理运营表"或"财务总监运营表"。"总经理运营表"或"财务总监运营表"中显示企业每个季度共有多项具体任务,在运行过程中必须按照先后顺序进行。根据其特点,我们把这些工作分别归入筹集资金、组织生产和其他日常事务三大主要任务中。在本任务中,我们主要完成第 1 季度的模拟运营,同时就如何融资进行学习。

一、筹集资金

(一) 季初现金盘点

为了保证账实相符,企业应当定期对企业的资产进行盘点。盘点的方法主要采用实地盘点法,对沙盘盘面"现金"区的现金进行清点,确定实有数。

(二) 更新短期贷款/还本付息

(1) 更新短期贷款。如果企业有短期贷款,财务总监将空桶向现金方向移动一格。移至现金库时,表示短期贷款到期。

(2) 还本付息。短期贷款的还款规则是利随本清。短期贷款到期时,财务总监从现金区取出现金,"本金"还给银行,"利息"置于沙盘的"利息"处。

(三) 申请短期贷款

在沙盘企业中,企业筹集资金的方式除了年初的长期贷款以外,还有每季度的短期贷款。可申请的贷款额度为:所有贷款不超过上一年所有者权益的 3 倍,不低于 20 W (万元)。当"投资+运营+还贷"的总金额超过了收入、现金之和,企业就需要在季初向银行贷款。

二、组织生产

(一) 购买提前订购的原材料并入库

企业只有在前期订购了原材料,在供应商处登记了原材料采购数量后,才能购买原材料。供应商发出的订货已经运抵企业时,企业必须无条件接受货物并支付货款。每个季度,采购总监将原材料订单区中的空桶向原材料方向推进一格,到达原材料库时,向财务总监申请原材料款并支付给供应商,换取相应的原材料。

(二) 下原材料订单

采购总监根据订购计划,决定订购原材料的品种和数量。购买原材料必须提早在供应商处下原材料订单,如果没有下订单,就不能购买。发出原材料订单不需要支付现金。

(三) 更新生产/完工入库

生产总监在每个季度更新生产。产品下线表示产品完工,应将产品放置于相应的产品库中。

(四) 购买生产线/生产线到位

企业要提高产能,必须对生产线进行改造,包括新购、变卖等。新购的生产线安置在厂房空置的生产线位置;如果没有空置的位置,必须先变卖生产线。变卖生产线的目的主要是出于战略的考虑,例如将手工线换成全自动生产线等。

(五) 开始下一批生产

更新生产/完工入库后,某些生产线的在制品已经完工,或者新生产线已经建成,可以考虑生产新产品。闲置的生产线仍然需要支付设备维护费、计提折旧,企业只有生产产品,并将这些产品销售出去,这些固定费用才能得到弥补。

（六）更新应收款/应收款收现

企业销售产品经常会收到的是"欠条"——应收款。每个季度，企业应将应收款向现金库方向推进一格，表示应收款账期的减少。当应收款被推进现金库时，表示应收款到期，企业应持应收款凭条到银行处领取现金。

（七）按订单交货

营销总监检查各成品库的成品数量是否满足客户订单要求，如若满足，则把按照订单约定数量的产品交付给客户。客户则按订单上列明的条件支付货款。

（八）产品研发投资

按照产品研发计划，营销总监向财务总监申请研发资金，按季度置于相应产品生产资格的位置。产品研发可以中断投资，但不可以加速投资。如果产品研发投资完成，则从供应商处领取相应产品的生产资格证放置在"生产资格"处。企业取得生产资格证后，从下一季度开始，可以生产该产品。

三、其他日常事务

（一）支付行政管理费

行政管理费是企业为了维持运营发放的管理人员工资、必要的差旅费、招待费等。财务总监于每季度末一次性支付行政管理费。

（二）现金收支合计

财务总监统计本季度现金的收入、支出总额。

（三）期末现金对账

财务总监期末盘点现金余额，并进行核对。

岗位说明

岗位名称	工作内容
总经理	组织团队完成第 1 季度的运营、填表等工作
营销总监	填写订单登记表等
生产总监	产品生产过程摆盘、填表
采购总监	原料采购摆盘、填表
财务总监	资金使用摆盘、填表

【工作任务一——筹集资金】

【任务分析】

在"筹集资金"任务中，共有三项任务要完成：季初现金盘点、更新短期贷款/还本付息、申请短期贷款。

(1) 季初现金盘点。财务总监对沙盘面"现金"区的库存现金进行清点,并据实填写金额(第1季度的现金余额为2万元)。年初现金余额的计算公式为:

$$年初现金余额 = 上年末库存现金 - 支付的本年广告费 - 支付上年应交的税费 -$$
$$支付长贷利息 - 到期长贷还款 + 当年申请的长贷$$

(2) 更新短期贷款/还本付息。在"短期贷款"区,如企业存在短期贷款,则向"现金"区方向推移一格,表示贷款期已过去一个季度,即更新贷款;如企业的贷款在本季度到期,则应向"银行"归还本金并支付利息,在该栏填写现金支出的金额,即还本付息(根据企业的初始状态显示,企业没有短期贷款,不需要更新)。

(3) 申请短期贷款。财务预算显示,第1季度需要申请短期贷款20万元。筹集资金的操作步骤如表4-4所示。

【操作步骤】

表4-4 筹集资金的操作步骤

任务	操作人	操作要点及步骤
季初现金盘点	财务总监	清点"现金"区的现金,并据实在"财务总监运营表"中填写现金余额为"2"
	其他人员	操作完成后在各自运营表的相应任务后打"√"
更新短期贷款/还款/还本付息	财务总监	将"短期贷款"区上表示贷款的空桶向前推移一格。若贷款到期,则应还本付息(教学年第1季度没有此项操作,在"财务总监运营表"的相应任务后打"×")
申请短期贷款	财务总监	① 向银行提出申请,与银行签署借款合同后,取得短期贷款并放置在盘面"现金"区; ② 将空桶(一个空桶代表20万元)放在盘面"短期贷款"区的Q4(即第4季度)处; ③ 在运行记录(1)中的相应任务处登记取得的借款数

【工作任务二——组织生产】

【任务分析】

在组织生产任务中,多项内容涉及采购总监运营表、生产总监运营表和营销总监运营表的填写。采购总监运营表、生产总监运营表和营销总监运营表是用于运行过程中记录各生产要素(原料、在制品、产成品)数量变化的台账,由采购总监、生产总监和营销总监根据工作内容分别填写生产要素增减数量。

采购总监在"生产要素"栏内填入"R1""R2""R3""R4",在"采购总监运营表"中第1、第7、第8、第9项工作任务的小括号内填写原材料名称,"下原材料订单"时填写登记数量但不视为原材料的增加,"购买提前订购的原材料并入库"时填写增加数量,"开始下一批生产"(即出库)时填写减少数量,季末进行结账(季末库存数量=季初盘点数量+本季入库合计-本季出库合计)并对账。

　　营销总监在"生产要素"栏内填入"P1""P2""P3""P4",在"营销总监运营表"中第1、第7、第8、第9项工作任务的小括号内填写产成品名称,"完工入库"(即入库)时填写增加数量,"按订单交货"(即出库)时填写减少数量,季末进行结账(季末库存数量=季初盘点数量+本季入库合计-本季出库合计)并对账。

　　生产总监在"生产要素"栏内填入"P1""P2""P3""P4",在"生产总监运营表"中第1、第7、第8、第9项工作任务的小括号中填写在制品名称,"开始下一批生产"(即入库)时填写增加数量,"完工入库"(即出库)时填写减少数量,季末进行结账(季末库存数量=季初盘点数量+本季入库合计-本季出库合计)并对账。组织生产的操作步骤如表4-5所示。

【操作步骤】

表4-5　组织生产的操作步骤

任务	操作人	操作要点及步骤
购买提前订购的原材料并入库	财务总监	从现金库里取出3 W(万元)交给采购总监,同时在"财务总监运营表"中记录"-3"
	采购总监	① 取3 W(万元)交给供应商,买回3个R1原材料; ② 在"采购总监运营表"中记录原材料的入库数量
下原材料订单	采购总监	① 向供应商签订一个R1原材料订单; ② 在"采购总监运营表"中记录所下订单的数量
更新生产/完工入库	生产总监	① 将生产线上的在制品向前推移一格或完工入库; ② 在"生产总监运营表"中记录在产品的入库数量 (教学年第1季度没有此两项操作,在"财务总监运营表"的相应任务后打"×")
购买生产线/生产线到位	生产总监财务总监	① 新建生产线:领取生产线标识并背面朝上放于生产线相应位置,在净值处放一空桶,每季度放入相应投资额的现金,财务总监记好现金收支记录。全部投资完成后的下一季度,正面朝上放置生产标识,并领取准备生产的产品标识,可以开始生产; ② 变卖生产线:生产线净值等于残值,将净值转到现金库,其余现金(净值与残值的差额)放到费用区的"其他"处,将记入综合管理费用明细表的"损失"项目,财务总监记好现金收支记录; (教学年第1季度没有此两项操作,在"财务总监运营表"的相应任务后打"×")
开始下一批生产	采购总监	① 从原材料库中取出3个R1原材料,交给生产总监; ② 在"采购总监运营表"上记录原材料的出库数量为3个R1
	生产总监	把收到的R1原材料放在3条手工生产线上的第一格
	财务总监	① 从现金库中取出3 W(万元),用于支付新上线产品的加工费; ② 在"财务总监运营表"中对应的工作任务处填写现金"-3"
更新应收款/应收款收现	财务总监	① 将"应收款"区上表示贷款的空桶向前推移一格; ② 完成相应任务后,在"财务总监运营表"的相应任务后打"√" (教学年第1季度没有此两项操作,在"财务总监运营表"的相应任务后打"×")

续　表

任务	操作人	操作要点及步骤
按订单交货	营销总监 财务总监	成品库中的数量满足订单需求的,营销总监可交货给客户,并在"营销总监运营表"中填写交货产品数量; ① 如果收到0账期的款项,可直接将收到的现金放入现金区,财务总监作好相应的现金收支记录; ② 如果收到应收款,则在一个空桶里放入应收款的纸条,纸条上写明应收账款的金额和账期,并放在相应的应收款的位置 (教学年第1季度产品库存不足,暂不交货,在"财务总监运营表"和"营销总监运营表"的相应任务后打"×")
产品研发投资	生产总监 财务总监	从现金库取出相应的现金(按季度分别投入)放在"营销与规划中心"的"生产资格"区域。财务总监作好现金收支记录 (教学年第1季度没有此项操作,在"财务总监运营表"的相应任务后打"×")

【工作任务三——其他日常事务】

【任务分析】

在"其他日常事务"任务中,共包括支付行政管理费、现金收支合计和期末现金对账三项任务。其他日常事务的操作步骤如表4-6所示。

【操作步骤】

表4-6　其他日常事务的操作步骤

任务	操作人	操作要点及步骤
支付行政管理费	财务总监	从"现金"区里取出1 W(万元)放入"管理费"区域,并在"财务总监运营表"中的相应任务后填写"-1"
现金收支合计	财务总监	计算出本季度现金收支的合计数
期末现金对账	财务总监	检查期末现金账面数和实际数是否相符: 现金余额＝季初余额＋现金增加额-现金减少额

任务四　第2季度运营

【任务引例】

2002年,方兴东创建"博客中国",之后3年内网站始终保持每月超过30%的点击率增长,全球排名一度飙升到60多位,并于2004年获得了陈天桥和羊东的50万美元投资。在2005年9月获得Granite Global Ventures、Mobius Venture Capital、软银赛富和

Bessemer Venture Partner 的 1 000 万美元投资后，"博客中国"更名为"博客网"，还喊出了"1 年超新浪，2 年上市"的目标。短短半年内，博客网的经营规模从 40 多人扩大至 400 多人，60%～70%的资金都用在了人员工资上，同时还在视频、游戏、购物、社交等众多项目上大量投资。两轮融资 1 050 万美元被挥霍殆尽。2006 年年末，以新浪为代表的门户网站的博客力量已完全超越了博客网等新兴垂直网站，方兴东辛苦摸索出来的道路轻而易举地被复制了。

　　博客网的经营是否也给你的企业经营带来了启发，资金到底应该怎样使用？面对激烈的市场竞争环境，企业应该如何应对？

【知识准备与业务操作】

　　顺利完成第 1 季度的运营后，以后每季度的运营根据年度计划重复"总经理运营表"中每个季度的多项任务，操作参照任务三中的"第 1 季度运营"中的【知识准备与业务操作】。

　　在掌握了季度运营流程的基础上，从第 2 季度的运营开始，我们将在经营过程中就部分环节进行深入思考。本任务我们就如何融资进行学习。

　　在企业经营中，支付成本费用、进行各项投资、到期还债等都需要现金，沙盘模拟中的现金流如图 4-6 所示，根据图中内容我们可以思考影响融资的因素。

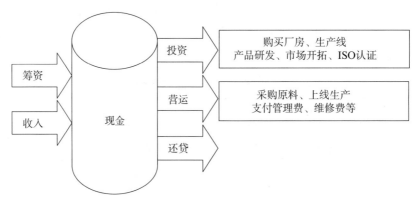

图 4-6　沙盘模拟中的现金流

　　对图 4-6 沙盘模拟中的现金流进行逆向思考，可以得出企业是否需要筹资（向银行贷款）是受季初盘点现金、本季度销售收入、投资所需金额、营运所需金额、还贷金额等因素影响的，当"投资＋运营＋还贷"的总金额超过了收入与现金之和，企业就需要在季初向银行贷款。反之，则不用向银行贷款。

【工作任务——教学年第 2 季度运营】

【任务分析】

　　根据年度计划，在教学年第 2 季度运营这一任务中，需要完成季初现金盘点、更新短期贷款/还本付息、购买提前订购的原材料并入库、下原材料订单、更新生产/完工入库、开始下一批生产、按订单交货、支付行政管理费、现金收支合计、期末现金对账等内容。为了简化,在以后的季度运营中,只对有操作的项目进行说明,空白项目则略过。

教学年第2季度运营操作步骤如表4-7所示。

【操作步骤】

表4-7 教学年第2季度运营操作步骤

任务	操作人	操作要点及步骤
季初现金盘点	财务总监	清点"现金"区的现金,并在对应格内填写现金余额"3"
更新短期贷款/还本付息	财务总监	① 把"短期贷款"区上表示贷款的空桶向前推移一格。若贷款到期,则应还本付息; ② 完成相应任务后,在"财务总监运营表"的相应任务后打"√"
购买提前订购的原材料并入库	财务总监	从现金库里取出1W(万元)交给采购总监,同时在"财务总监运营表"中记录"-1"
	采购总监	① 取1W(万元)交给供应商,买回1个R1原材料; ② 在"采购总监运营表"中记录原材料的入库数量
下原料订单	采购总监	① 向供应商签订1个R1原材料订单; ② 在"采购总监运营表"中记录所下订单的数量
更新生产/完工入库	生产总监	将生产线上的在制品向前推移一格或完工入库;
开始下一批生产	采购总监	① 从原材料库中取出1个R1原材料,交给生产总监; ② 在"采购总监运营表"上记录原材料的出库数量
	生产总监	把收到的R1原材料放在1条自动生产线上
	财务总监	① 从现金库中取出1W(万元),用于支付新上线产品的加工费; ② 在"财务总监运营表"中对应工作任务处填写现金"-1"
按订单交货	营销总监 财务总监	教学年第2季度产品库存不足,暂不交货,在"财务总监运营表"和"营销总监运营表"的相应任务后打"×"
支付行政管理费	财务总监	从"现金"区里取出1W(万元)放入"管理费"区域,并在"财务总监运营表"中相应任务后填写"-1"
现金收支合计	财务总监	计算出本季度现金收支的合计数,在对应工作任务栏内据实填写,收入合计填写"0",支出合计填写"3"
期末现金对账	财务总监	检查期末现金账面数和实际数是否相符,在对应工作任务栏内据实填写"0"(现金余额=季初余额+现金增加额-现金减少额)

任务五　第 3 季度运营

【任务引例】

2000 年年初,芯片供应商菲利普公司的半导体工厂发生了一场大火,使全球手机芯片的供应受到了严重影响。当时著名的手机生产商"爱立信"公司是受影响最大的公司之一,但是该公司并没有及时察觉芯片不足可能对生产带来的不良影响,也没有零部件的后备供应商,最终因为重要零件的供应不足,手机产量越来越少,市场份额迅速下滑,最后退出了手机生产市场。

上述案例告诉了我们确保原材料、零部件的供应对一个生产企业的重要性。正在运营模拟企业的我们是否也意识到了这个问题呢? 让我们一起来学习如何采购吧。

【知识准备与业务操作】

顺利完成第 1、2 季度的运营后,本季度将继续按照"总经理运营表"中每个季度的 16 项任务进行,操作参照任务三中的"第 1 季度运营"中的【知识准备与业务操作】。

在第 3 季度的运营中,我们将重点学习如何采购原料(即采购计划的制订)。

采购计划的制订其实就是要解决三个问题:采购什么? 采购多少? 何时采购?

(一) 采购什么

ERP 系统生产规划的基本逻辑如图 4-7 所示。从图中可以看出,采购计划的制订与物料需求计划直接相关,并直接上溯到主生产计划。根据主生产计划,减去产品库存,并按照产品的物料清单,就可得知为满足生产所需采购的原料。

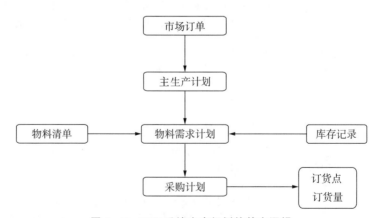

图 4-7　ERP 系统生产规划的基本逻辑

(二) 采购多少

明确了采购品种,还要计算采购量。这与物料库存和采购批量有直接联系。

（三）何时采购

"何时采购"要结合生产线状态和原料采购提前期进行准确计算,达到"既不出现库存积压(过早),又不出现物料短缺(过晚)"的管理状态,实现"零库存"目标。

【工作任务——教学年第3季度运营】

【任务分析】

根据年度计划,在第3季度运营这一任务中,需要完成季初现金盘点、更新短期贷款/还本付息、申请短期贷款、原材料入库/更新原材料订单、下原材料订单、更新生产/完工入库、开始下一批生产、支付行政管理费、现金收支合计、期末现金对账等内容。教学年第3季度运营操作步骤如表4-8所示。

【操作步骤】

表 4-8　教学年第3季度运营操作步骤

任务	操作人	操作要点及步骤
季初现金盘点	财务总监	清点"现金"区的现金,并在对应格内填写现金余额"0"
更新短期贷款/还本付息	财务总监	① 将"短期贷款"区上表示贷款的空桶向前推移一格; ② 完成相应任务后,在"财务总监运营表"的相应任务后打"√"
申请短期贷款	财务总监	① 向银行提出申请,与银行签署借款合同后,取得短期贷款并放置在盘面的"现金"区; ② 将空桶(一个空桶代表20万元)放在盘面"短期贷款"区的Q4处(即第4季度); ③ 在运行记录(1)中的相应任务处登记取得的借款数
原材料入库/更新原材料订单	财务总监	从现金库里取出1 W(万元)交给采购总监,同时在"财务总监运营表"中记录"-1"
	采购总监	① 取1 W(万元)交给供应商,买回1个R1原材料; ② 在"采购总监运营表"中记录原材料的入库数量
下原材料订单	采购总监	① 向供应商签订5个R1原材料订单; ② 在"采购总监运营表"中记录所下订单的数量
更新生产/完工入库	生产总监	① 将生产线上的在制品向前推移一格或完工入库; ② 1个P1产品完工,把产品移入P1产品库; ③ 在"生产总监运营表"中记录在产品的入库数量"-1"
开始下一批生产	采购总监	① 从原材料库中取出1个R1原材料,交给生产总监; ② 在"采购总监运营表"上记录原材料出库数量"1个R1"
	生产总监	① 把收到的R1原材料放在1条手工生产线上的第一格; ② 在"生产总监运营表"上记录在产品入库数量"1个P1"
	财务总监	① 从现金库中取出1 W(万元),用于支付新上线产品的加工费; ② 在"财务总监运营表"中的对应工作任务处填写现金"-1"

任务	操作人	操作要点及步骤
支付行政管理费	财务总监	从"现金"区里取出 1 W(万元)放入"管理费"区域,并在"财务总监运营表"中的相应任务后填写"－1"
现金收支合计	财务总监	计算出本季度现金收支的合计数,在对应工作任务栏内据实填写
期末现金对账	财务总监	检查期末现金账面数和实际数是否相符,在对应工作任务栏内据实填写"17"(现金余额＝季初余额＋现金增加额－现金减少额)

任务六 第 4 季度运营

【任务引例】

2009 年 4 月 15 日,时任九城 CEO 的陈晓薇的一封内部邮件曝光,向公众"明示"了九城与《魔兽世界》"正式分手"。

2009 年,九城收入为 1.11 亿美元,这个数字已经不及 2008 年收入的一半。2010 年,九城的营收仅为 1 558 万美元,只有 2008 年全年 2.5 亿美元营收的 6％左右。这意味着,在失去《魔兽世界》后,九城失去了约 94％的营业收入。与此相应的是,九城开始陷入无休止的亏损,截至 2011 年第二季度,九城已经连续亏损了 10 个季度。根据 2010 年全年以及 2011 年一、二季度的财报数据推算,九城每个季度主营业务净亏损在 1 000 万～1 200 万美元。同时每个季度会产生 1 000 万美元左右的净现金流出。

如果一定要为九城今天的困境找一个原因,根源其实就是两个字:懈怠。从九城拿下《魔兽世界》代理权开始,整个九城都躺在《魔兽世界》上"睡大觉"。《魔兽世界》为九城带来了巨大的收益和名气,让九城一跃成为最知名的网游公司之一,但其在人员构成、组织体系、产品研发运营等方面,并没有借着形势大好的时机进行调整。

成也《魔兽世界》,败也《魔兽世界》。因一款产品打下江山,这却也成了公司裹足不前的最大理由。

在经营企业过程中,我们应该如何考虑产品结构问题呢?

【知识准备】

顺利完成前三季度的运营后,企业将继续按照"总经理运营表"中每个季度的多项任务进行操作,具体可参照任务三中的"第 1 季度运营"中的【知识准备与业务操作】。在第 4 季度的运营中,我们将思考开发投资项目(产品研发与市场开发)应考虑的因素:

(1)哪种产品价格较高,毛利较高。

(2)哪种产品的需求比较旺盛。

(3)哪个市场的产品价格较高。

(4)哪个市场的需求比较旺盛。

【注意】

（1）任何一种资格证的取得，都需要投入一定的时间和资金，两个条件缺一不可。

（2）开发投资额在规定开发周期内平均支付，不允许加速投资，但资金短缺时可以中断或停止投资。

（3）全部投资完成后，换取相应的资质标识牌。

（4）各项开发投资可以同时进行。

【工作任务——教学年第4季度运营】

【任务分析】

根据年度计划，在第4季度运营任务中，需要完成季初现金盘点、更新短期贷款/还本付息、原材料入库/更新原材料订单、下原材料订单、更新生产/完工入库、开始下一批生产、按订单交货、支付行政管理费、现金收支合计、期末现金对账等内容。教学年第4季度运营操作步骤如表4-9所示。

【操作步骤】

表4-9　教学年第4季度运营操作步骤

任务	操作人	操作要点及步骤
季初现金盘点	财务总监	清点"现金"区的现金，并在对应格内填写现金余额"17"
更新短期贷款/还本付息	财务总监	① 将"短期贷款"区上表示贷款的空桶向前推移一格； ② 完成相应任务后，在"财务总监运营表"的相应任务后打"√"
原材料入库/更新原材料订单	财务总监	从现金库里取出5 W(万元)交给采购总监，同时在"财务总监运营表"中记录"-5"
	采购总监	① 取5 W(万元)交给供应商，买回5个R1原材料； ② 在"采购总监运营表"中记录原材料的入库数量
下原材料订单	采购总监	① 向供应商签订1个R1原材料订单； ② 在"采购总监运营表"中记录所下订单的数量
更新生产/完工入库	生产总监	① 将生产线上的在制品向前推移一格或完工入库； ② 4个P1产品完工，把产品移入P1产品库； ③ 在"生产总监运营表"中记录在产品的入库数量
开始下一批生产	采购总监	① 从原材料库中取出4个R1原材料，交给生产总监； ② 在"采购总监运营表"上记录原材料出库数量"4个R1"
	生产总监	① 把收到的4个R1原材料分别放在3条手工生产线和1条自动生产线上； ② 在"生产总监运营表"上记录在产品入库数量"4个P1"
	财务总监	① 从现金库中取出4 W(万元)，用于支付新上线产品的加工费； ② 在"财务总监运营表"中的对应工作任务处填写现金"-4"

4

续 表

任务	操作人	操作要点及步骤
按订单交货	营销总监	营销总监在 P1 成品库中取出 5 个 P1 交给供应商,收回应收款,交给财务总监,在"营销总监运营表"中填写"-5"
	财务总监	财务总监将收到的现金 25 W(万元)放入现金区,并作好相应的现金收支记录
支付行政管理费	财务总监	从"现金"区里取出 1 W(万元)放入"管理费"区域,并在"财务总监运营表"中的相应任务后填写"-1"
现金收支合计	财务总监	计算出本季度现金收支的合计数,在对应工作任务栏内据实填写
期末现金对账	财务总监	检查期末现金账面数和实际数是否相符,在对应工作任务栏内据实填写"32"(现金余额=季初余额+现金增加额-现金减少额)

任务七 年 末 运 营

ERP 模拟沙盘——编制财务报表

【任务引例】

2004 年 10 月,中旺集团以 5 100 万元的注册资金正式成立北京五谷道场,同时在北京、吉林等地投建生产基地。初期,公司投入巨资在央视及各大知名媒体宣传,仅 1 年就开辟出一个 15 亿元的非油炸方便面市场。面对突然迸发的巨大的市场需求,五谷道场不断增加资金投入,其持续扩张带来的管理问题也日益突出。2006 年夏天,五谷道场开始力不从心。员工工资、经销商的报销费用和货款大规模被拖欠。与此同时,银行贷款也开始到期,资金问题在短期内集中爆发。2008 年,五谷道场因负债 6 亿余元申请破产,2009 年易主中粮。

15 亿元的市场,最后却是负债 6 亿元破产的结局。差异化、快速扩张,甚至重营销都是有道理的,但必须是以强大的管理平台为基础,以便随时掌握经营情况和经营问题。

在我们的模拟企业中,年末编制的各种报表既能准确地反映当年的经营成果,也能从中分析经营问题,为改善企业经营提供有力的支持。

【知识准备与业务操作】

一、支付设备维护费

设备在使用过程中会发生磨损,要保证设备正常运转,就需要对其进行维护。设备维护会发生诸如材料费、人工费等维护费用。在沙盘企业中,只有生产线需要支付维护费。年末,企业只要有生产线,无论是否生产,都应支付维护费。尚未安装完工的生产线不支付维护费。设备维护费每年年末用现金一次性集中支付。

二、计提折旧

固定资产在使用过程中会发生损耗,导致价值降低,应对固定资产计提折旧。在沙盘模拟企业中,固定资产计提折旧的时间、范围和方法与实际工作存在一些差异。这些差异主要表现在:① 折旧在每年年末计提一次;② 计提折旧的范围仅限于生产线;③ 计提折旧的方法采用平均年限法。在会计处理上,折旧费全部作为当期的期间费用,没有计入产品成本。

三、新市场开拓/ISO 资格投资

企业要扩大产品的销路,必须开发新市场。不同的市场开拓所需要的时间和费用是不相同的。同时,有的市场对产品有 ISO 资格认证要求,企业需要进行 ISO 资格认证投资。

沙盘企业中,每年开拓市场和 ISO 资格认证的费用在年末一次性支付,计入当期的综合费用。

四、结账

模拟企业每年的经营结束后,应当编制相关财务报表,及时反映当年的财务和经营情况,我们主要编制综合管理费用明细表、利润表和资产负债表。

(一) 综合管理费用明细表

综合管理费用明细表综合反映在经营期间发生的各种除产品生产成本、财务费用外的其他费用,其根据沙盘上的"综合费用"处的支出进行填写。

(二) 利润表

利润表是反映企业一定期间经营状况的会计报表。利润表把一定期间内的营业收入与其同一期间相关的成本费用相配比,从而计算出企业一定时期的利润。通过编制利润表,可以反映企业生产经营的收益情况、成本耗费情况,表明企业生产经营成果。同时,通过利润表提供的不同时期的比较数字,我们可以分析企业利润的发展趋势和获利能力。

(三) 资产负债表

资产负债表是反映企业某一特定日期财务状况的会计报表。它是根据"资产＝负债＋所有者权益"这一会计等式编制的。

【工作任务一——支付设备维护费、计提折旧】

【任务分析】

在本工作任务中共有两部分内容:支付设备维护费和计提折旧。

(1) 支付设备维护费。财务总监根据期末现有完工的生产线支付设备维护费。支付设备维护费时,从现金库中取出现金放在综合费用的"维护费"处。

(2) 计提折旧。财务总监根据规则对生产线计提折旧,从生产线的净值中取出相应的金额放置在综合费用旁的"折旧"处。教学年年末运营操作步骤和教学年财务总监运营表的操作步骤分别如表 4 - 10、表 4 - 11 所示。

【注意】

(1) 当年建成的生产线不计提折旧。

(2) 当净值等于残值时,则无须再计提折旧。

（3）折旧与现金流无关。

【操作步骤】

表 4 - 10　教学年年末运营操作步骤

任务	操作人	操作要点及步骤
支付设备维护费	财务总监	① 从"现金"区取出 4 W(万元)放入"维护费"处; ② 在"财务总监运营表"的相应任务后填写"—4"
计提折旧	财务总监	① 从 3 条手工生产线的设备价值中各取 1 W(万元),从自动生产线的设备价值中取出 2 W(万元),放入"折旧"标识处; ② 在"财务总监运营表"的相应任务后填写"5"

表 4 - 11　教学年财务总监运营表的操作步骤　　　单位:W(万元)

序号	请按顺序执行下列各项操作。每执行完一项操作,CEO 请在相应的方格内打钩				
	手工操作流程	财务总监(助理)在方格中填写现金收支情况			
年初	参加订货会,支付广告费	—1			
	登记销售订单	√			
1	季初现金盘点(请填余额)	2	3	0	17
2	更新短期贷款 / 还本付息	×	√	√	√
3	申请短期贷款	20	×	20	×
4	购买订购的原材料并入库	—3	—1	—1	—5
5	下原材料订单	(1)	(1)	(5)	(1)
6	更新生产 / 完工入库	×	√	√	√
7	购买新生产线/生产线到位	—12	×	×	×
8	开始下一批生产	—3	—1	—1	—4
9	更新应收款/应收款收现	×	×	×	×
10	按订单交货	×	×	×	25
11	产品研发投资	×	×	×	×
12	支付行政管理费	—1	—1	—1	—1
13	登记其他现金收支情况	×	×	×	×
14	现金收入合计	20	0	20	25
15	现金支出合计	19	3	3	—10
16	期末现金对账(请填余额)	3	0	17	32
年末	支付设备维护费				—4
	计提折旧				(—5)
	新市场开拓				×
	结账				28

【工作任务二——编制报表】

【任务分析】

在编制报表的任务中,我们主要编制综合管理费用明细表、利润表和资产负债表。

(一)综合管理费用明细表

综合管理费用明细表如表 4 - 12 所示。

表 4 - 12 综合管理费用明细表　　　　单位:W(万元)

项　目	金　额	备　注
管理费		
广告费		
维修费		
市场准入开拓		
ISO 资格认证		□ISO9000　□1SO14000
产品研发		
其　他		
合　计		

(1)"管理费"项目根据企业当年支付的行政管理费填列。企业每季度支付 1 W(万元)的行政管理费,全年共支付行政管理费 4 W(万元)。

(2)"广告费"项目根据企业当年年初的"广告登记表"中填列的广告费填列。

(3)"维修费"项目根据企业实际支付的生产线维护费填列。根据规则,只要生产线建设完工,不论是否生产,都应当支付维修费。

(4)"市场准入开拓"项目根据企业本年开发市场支付的费用填列。

(5)"ISO 资格认证"项目根据企业本年 ISO 认证开发支付的费用填列。为了明确认证的种类,需要在"备注"栏内于本年认证的名称前画"√"。

(6)"产品研发"项目根据本年企业研发产品支付的研发费填列。

(7)"其他"项目主要根据企业发生的其他支出填列,比如,出售生产线净值大于残值的部分等。

(二)利润表

利润表中各项目的数据来源如表 4 - 13 所示。

(三)资产负债表

资产负债表中各项目的数据来源如表 4 - 14 所示。

表 4 - 13　利润表各项目的数据来源

项　　目	行次	数据来源
销售收入	1	"产品核算统计表"中的销售额合计
销售成本	2	"产品核算统计表"中的成本合计
毛利	3	毛利＝销售收入—销售成本
综合费用	4	"综合管理费用明细表"的合计数
折旧前利润	5	折旧前利润＝毛利—综合费用
折旧	6	沙盘盘面费用区的"折旧"数
支付利息前利润	7	支付利息前利润＝折旧前利润—折旧
财务收入/支出	8	沙盘盘面费用中的"利息"数与"贴息"数之和
其他收入/支出	9	除销售产品以外获得的收益或支出
税前利润	10	税前利润＝支付利息前利润—财务支出
所得税	11	所得税＝税前利润×25％
净利润	12	净利润＝税前利润—所得税

表 4 - 14　资产负债表各项目的数据来源

资产	数据来源	负债和所有者权益	数据来源
流动资产：		负债：	
库存现金	根据现金区的现金清点数	银行贷款	短期贷款区的空桶(一个空桶代表 20 万元)
应收账款	根据应收账款区的记录数据		
在制品	清点生产线上在制品的数量	应交税费	利润表中的所得税
成品	清点成品库中成品的数量		
原料	清点原料库中的原材料数量		
流动资产合计	以上五项之和	负债合计	以上两项之和
固定资产：		所有者权益：	
土地和建筑	一个厂房价值 20 W(万元)	股东资本	股东不增资的情况下为 40 W(万元)
机器与设备	清点设备净值的数额	利润留存	上一年的利润留存＋上一年的利润
在建工程	清点未完工设备的净值数额	年度净利	利润表中的净利润
固定资产合计	以上三项之和	所有者权益合计	以上三项之和
资产总计	流动资产合计＋固定资产合计	负债和所有者权益总计	负债合计＋所有者权益

【操作步骤】

根据之前的 4 季度经营和数据,填写综合管理费用明细表、利润表和资产负债表,如表 4-15—表 4-17 所示。

表 4-15 综合管理费用明细表 单位：W(万元)

项 目	金 额	备 注
管理费	4	
广告费	1	
维修费	4	
市场准入开拓	0	
ISO 资格认证	0	□ISO9000 □ISO14000
产品研发	0	
其 他	0	
合 计	9	

表 4-16 利润表 单位：W(万元)

项 目	算符	上年数	本年数
销售收入		35	25
直接成本	−	12	10
毛利	=	23	15
综合费用	−	11	9
折旧前利润	=	12	6
折旧	−	5	5
支付利息前利润	=	7	1
财务收入/支出	+/−	4	0
其他收入/支出	+/−	0	0
税前利润	=	3	1
所得税	−	1	0
净利润	=	2	1

表 4-17 资产负债表 单位：W(万元)

资　　产	期初数	期末数	负债和所有者权益	期初数	期末数
流动资产：			负债：		
库存现金	3	28	银行贷款	0	40
应收账款	0	0			
在制品	0	8	应交税费	0	0
成品	0	0			
原料	0	1			
流动资产合计	3	37	负债合计	40	40
固定资产：			所有者权益：		
土地和建筑	20	20	股东资本	40	40
机器与设备	15	22	利润留存	0	−2
在建工程	0	0	年度净利	−2	1
固定资产合计	35	42	所有者权益合计	38	39
资产总计	38	79	负债和所有者权益总计	38	79

任务八　年末交流总结

【任务引例】

一个女儿对父亲抱怨，她不知该如何应付生活，想要自暴自弃了。她已厌倦抗争和奋斗，好像一个问题刚解决，新的问题又出现了。

她的父亲是位厨师，他把她带进厨房。他先往三只锅里倒入一些水，然后把它们放在旺火上烧。不久锅里的水烧开了。他往一只锅里放些胡萝卜，第二只锅里放入一只鸡蛋，最后一只锅里放入碾成粉末状的咖啡豆。他将它们放入水中煮，一句话也没有说。

大约20分钟后，他把火关闭了，把胡萝卜捞出来放入一个碗内，把鸡蛋捞出来放入另一个碗内，然后又把咖啡舀到一个杯子里。做完这些后，他才转过身问女儿："亲爱的，你看见什么了？""胡萝卜、鸡蛋、咖啡"，她回答。

他让她走近些并让她用手摸摸胡萝卜。她摸了摸，注意到它变软了。父亲又让女儿拿了鸡蛋并打破它，将壳剥掉后，发现是只煮熟的鸡蛋。最后，他让她喝了咖啡。品尝到香浓的咖啡，女儿笑了。她怯生生地问道："父亲，这意味着什么？"

他解释说，这三样东西面临同样的逆境——煮沸的开水，但反应各不相同。胡萝卜入锅之前是强壮的、结实的，毫不示弱；但进入开水中后，它变软了、变弱了。鸡蛋原来是易碎的，它薄薄的外壳保护着它呈液体的内脏。但是经开水一煮，它的内脏变硬了。而粉状的咖啡豆则很独特,进入沸水之后,它们反向改变了水。"哪个是你呢?"他问女儿:"当逆境找上门来时,你该如何反应? 你是胡萝卜、鸡蛋、还是咖啡豆?"

同学们,在经营中你们也遇到过不同的困难,最后你们是"胡萝卜""鸡蛋"还是"咖啡豆"?

在本任务中,企业管理层要根据三大报表分析当年的经营成果和经营中存在的问题,为改善企业经营提供支持。

【知识准备与业务操作】

在沙盘实训中,学员在整体战略、产品研发、设备投资改造、生产能力规划、物料需求计划、资金需求规划、市场与销售、财务经济指标分析、团队沟通与建设等多个方面模拟真实企业的经营过程。在实训中,做到各司其职、合力发展非常关键。

一、发挥所长,各司其职

各职位的职责如表 4-18 所示。

表 4-18 各职位职责明细表

总经理	财务总监	营销总监	生产总监	采购总监
制订发展战略	日常财务记账和登账	市场调查分析	产品研发管理	编制采购计划
竞争格局分析	向税务部门报税	市场进入策略制定	管理体系认证	供应商谈判
经营指标确定	提供财务报表	品种发展策略制定	固定资产投资	签订采购合同
业务策略制定	日常现金管理	广告宣传策略制定	编制生产计划	监控采购过程
全面预算管理	企业融资策略制定	制订销售计划	平衡生产能力	仓储管理
管理团队协同	成本费用控制	争取订单与谈判	生产车间管理	采购支付抉择
企业绩效分析	资金调度与风险管理	按时交货	成品库存管理	与财务部协调
管理授权与总结	财务分析与协助决策	销售绩效分析	产品外协管理	与生产部协同

二、"四流"畅通,合力发展

企业经营的"四流"是指商流、物流、资金流、信息流。商流是动机和目的,物流是过程,资金流是条件,信息流是手段,"四流"畅通是企业发展的保障。

商流是一种买卖或者交易活动的过程,通过商流活动发生商品所有权的转移。商流是物流、资金流、信息流的起点。在沙盘实训中,企业主要通过投放广告、参加销售会议、争取订单,实现产品的销售。广告费投入过多会使企业元气大伤,造成不必要的资金浪费,过少则有可能拿不到订单,所以广告费投入金额一定要适当。

物流主要是"供应商—原料—半成品—成品"的流动过程,在沙盘实训中,物流包括了原材料采购、产品加工生产、完工成品入库等活动。企业应在确保生产所需的前提下,减少原材料的库存,努力实现"零库存"。企业必须加工、生产适销对路的产品,减少成品库存,加快资金的回流。

资金流控制就是对资金的流动进行控制,保障资金流健康循环。资金流对企业的经营活动有绝对影响,要最大限度地提高企业效益、规避风险,就必须有准确的财务分析和预测。

信息流是采用各种方式来实现信息交流。在沙盘实训中,信息流主要包括市场预测分析、竞争环境、竞争对手经营情况、组内学员之间的沟通等。企业应做好信息收集,为最终的决策提供可靠的依据。

【工作任务——年末交流总结】

【任务分析】

教学年的经营已经结束,在本工作任务中我们对教学年中发生的情况进行讨论,交流心得体会,并就一些典型的问题进行现场讨论总结。

【操作步骤】

(1) 各企业内部进行交流,讨论总结在日常运营过程中每个岗位的主要工作和团队协作的情况。

(2) 各企业推荐员工就教学年中出现的问题进行发言。

(3) 针对现场典型问题进行讨论总结。

【项目小结】

教学年的学习,学生主要在老师的带领下按照角色和流程完成模拟企业的运营,学习记录运行过程中的各个生产要素的变化,认识到资金是企业运营中必不可少的要素之一,没有资金,业务活动将不能完成。伴随着业务的进展,学生应掌握获得可用资金的有效方法。

【项目训练】

教学年经营结束,小组成员充分发言,培养思考能力,提高决策能力,增强团队凝聚力。

企业经营的流程要严格按照任务清单所列的项目顺序进行,不得随意更改顺序。根据计划、生产、销售、财务等活动,如实详细填写相关经营记录表格,编制经营三表:综合管理费用明细表、利润表、资产负债表,根据数据分析企业经营中的问题及其原因,总结年度运营中个人的工作业绩,提出下一年的经营计划。

项目五　经营点评

教学目标

◆ 知识目标

掌握企业开源节流、产品盈利、科学管理、全面预算管理、优化内部业务流程、信息化管理等经营管理方面的知识。

◆ 技能目标

1. 能填写、会分析三表：综合管理费用表、利润表、资产负债表。

2. 能对自己负责的岗位工作进行分析，总结经验，汲取教训，并提出下一年的工作计划。

◆ 素养目标

培养总结反思的习惯，学习总结的方法，通过总结提高分析、预判、决策能力，在总结反思中成长、成熟。

知识导图

引导案例

善于总结是一种智慧

秦国蜀郡太守李冰潜心钻研水文,设计建造了"独奇千古"的都江堰水利工程,总结出"深淘滩,低作堰"的治水六字诀与"遇湾截角,逢正抽心"的八字真言,泽被后世。

楚霸王项羽自矜其功,直到四面楚歌时仍执迷不悟,发出"天亡我,非用兵之罪也"的喟叹;而汉高祖刘邦清醒自知,将"所以取天下"的原因归结为"三者皆人杰,吾能用之"。

回溯历史,一个人总结能力的高下,映照着认识水平,为人境界,在某种程度上影响着人生走向与事业成败。

曾子曰:"吾日三省乎吾身:为人谋而不忠乎?与朋友交而不信乎?传不习乎?"

中国共产党自诞生以来,不断从胜利走向胜利,其中一个重要原因,就是善于总结经验。事实证明,从革命年代、建设时期到改革岁月,打完一场仗、建设完一项工程、推进一项改革,我党都会及时总结反思,认真发扬优点,纠正失误。正是在不断的总结归纳中,我们走出了一条符合中国国情的中国特色社会主义道路,筑牢了中国特色社会主义事业发展的坚实基础。

心理学研究表明,人在意识到自身存在问题时,会本能地选择逃避或推卸,以拒绝痛苦情感的折磨。然而不解决问题,你就会成为问题。一个人在舒适区待久了,就如同"温水煮青蛙",长此以往,只会踟蹰不前,能力退化。

勇敢面对难题,善于剖析自我,学会总结得失,才能增长心智,提升认知,更好地适应当下和未来。

案例思考

总结是一种智慧,也是一门学问。历览前贤俊杰,凡事业有成者,往往都善于总结。

纵然你经历过许多摔打和失败,但并不意味着你会取得成功。只有那些善于从摔打中吸取教训,从失败中学会总结的人,才能站立起来,昂首阔步登上成功的阶梯。

更有一些睿智的人,他们不但善于总结自己的一切过往,而且善于从别人的成功或失败中吸取养料,将其中精华收藏胸中,滋润心田。借鉴别人能使自己心明眼亮,得到"免疫",减少挫折,能更快更好地发展自身,完善自我,并非任何事都必须先"吃一堑长一智"。

总结,就是力量、财富、导向和理念,它让人们的认识得到提高,让精神得到升华,让人们不再重复自己或别人相同的错误,让人生跨越鸿沟,前进一大步。

任务一　第1年年末讨论总结

【任务引例】

沙盘教学
用 PPT
（教学分析）

一个人的智慧，三分靠天赐，七分靠自己。这里的七分，很大程度上来源于人生路上的总结。人的一生，只有不断地总结，才能把有益的东西积累起来，融会贯通，形成一种强大的智力体系。

其实，人生最重要的智慧在于：在前进的道路中学会总结。总结本身就是一种智慧的体现。擅长总结的人，定然会在漫漫人生道路中得到发展和提升，这是毋庸置疑的。

下面我们以小王的事例为例，进一步谈一谈学会人生总结的必要性与重要性。

小王从学校毕业后步入了社会，很快找到了第一份工作，可不久他便把找来的工作弄丢了。后来，面对自己即将开始的第5份工作，他心里很是不安，不知道这份工作又能维持多久。

一个偶然的机会，他遇到了大学时一个教过他的心理学教授，于是便向教授提出了自己的疑问。教授问了他一些有关公司人际关系以及工作方面的表现等问题，未发现他心理有什么异常。教授继续问他："你在公司里有没有得罪自己的老板呢？"他茫然地说："没有啊！不过，有时候我会将自己不同的意见直接说出来，这对公司是很有利的嘛。"教授说："这就对了，问题或许就出在这里。虽然你一心为公司着想，但如果发表意见没有经过调查研究，不分场合，不讲究方式方法，领导又怎么能接受呢？或许，领导还会认为你在逞能，是不是有意和他对着干呢！""啊，原来是这样啊，真是没有想到。"小王恍然大悟。

后来，小王还是会把自己的不同想法说出来，但不再采用之前一贯的方式，而是改变了策略，经过事先的调查研究，且找准适当的时机说出来。结果，领导几乎每次都听取他的建议，有时还委以重任，他的第5份工作干得既稳定又踏实。

从此，小王在拼打中喜欢上了"回头看"，学会了对人生过往进行总结，他渐渐找到了适合自己人生的方向和目标，成为了一个精明而智慧的佼佼者。

小王因工作问题，在人生中经历了四次失败，后来请教教授帮助查找原因，通过分析，找到了失败的症结，学会了在总结中加以改进，开始了人生成功的前行之路。

一个人经历过多少失败并不重要，重要的是在失败中吸取教训，在工作和生活中学会总结。教训的获得能让我们成长，总结的获得能让我们得到提升。教训，会让我们更智慧；总结，会让我们更睿智；教训和总结，可以让我们变得更聪颖，更能适应工作和生活。

学会总结是一种智慧。也许，我们天生没有太高的智商天赋，但我们善于总结自己和别人的经验，去劣从优，积累一切有益的经验，丰富我们的智慧，从而成为一个理性、睿智的人。

5

◆ 岗位说明 ◆

岗位名称	工作内容
总经理	总结与分析企业总体运营、岗位工作、团队的协作情况；规划下一年度企业总体目标计划，提出自己岗位的工作重点；配合团队成员完成计划的业绩
营销总监	总结与分析市场占有、产品销售、岗位工作、制度流程的执行情况；规划下一年度市场占有、产品销售目标计划，提出自己岗位的工作重点；配合团队成员完成计划的业绩
生产总监	总结与分析本年度产品生产、岗位工作、制度流程的执行情况；规划下一年度产品生产目标计划，提出自己岗位的工作重点；配合团队成员完成计划的业绩
采购总监	总结与分析原料采购、岗位工作、制度流程的执行情况；规划下一年度原料采购目标计划，提出自己岗位的工作重点；配合团队成员完成计划的业绩
财务总监	总结与分析固定投资、财务指标、岗位工作、制度流程的执行情况；规划下一年度固定投资、财务指标目标计划，提出自己岗位的工作重点；配合团队成员完成计划的业绩

【工作任务一——小组讨论发言】

每个人都有话说。

总经理：我看似是"打酱油的"，其实是"灵魂"——我要知道每个部门在干什么，关心每个部门的工作情况，检查他们的工作进度，要沟通协调团队矛盾，促进团队的合作，我就是超级"万金油"。

财务总监：我最累，要填写的表格数据最多，每一笔现金进出都要记录，每个季末和年底还不能把钱算错了。年底的"三表"更不能错，否则整个团队都不能完工"交差"。

营销总监：我的销售贡献是最直接的，以后我争取多卖产品多赚钱。

采购总监：我买原材料问生产总监就可以了，总经理、销售总监和财务总监跟我有关系吗？

生产总监：购买厂房、买生产线、上线生产，我的工作貌似很简单？

【工作任务二——总结点评】

看似简单的第1年过去了，教学年每个企业的初始条件均相同，在同一起跑线开始运营，目的是让大家感受沙盘的学习方式，熟悉基本规则。第1年由每个企业自主经营，模拟企业开始决定自己的命运。每个岗位角色必须再次明确自己的职责和操作流程，并学会填写相应的登记表。最后各组的财务总监要将当年的"三表"——综合管理费用明细表、利润表、资产负债表填写准确。三表经过检查交由老师汇总登记，第1年工作才算结束。三表必须填写准确！

经过第1年运营，大家明确了自身的岗位职责，之后要深入思考下一年应怎样多盈利。这可朝两个方向努力——首先要"开源"，争取每一年利润为正数，并且逐年上升。

利润的来源是销售收入,多卖产品多赚钱是硬道理。其次要"节流",尽量降低费用、减少成本,行政管理费每个公司都一样,所以节流主要从广告费、市场开拓费、产品研发费、维修费等方面考虑。而扣减利润的项目包括直接成本、综合费用、折旧费、利息、所得税、违约金等,每一年的费用开支都会增加,该花的钱必须花,但绝不浪费每一分钱。

资产负债表中的"所有者权益"直接反映了企业的经营成果。沙盘比赛是根据所有者权益数据从高到低进行排名的。如果所有者权益为负数,意味着企业破产并退出比赛。

> **小贴士**
>
> 资产负债表:是反映企业在某一特定日期(如月末、季末、年末)全部资产、负债和所有者权益情况的会计报表,是企业经营活动的静态体现,根据"资产=负债+所有者权益"这一平衡公式,依照一定的分类标准和一定的次序,将某一特定日期的资产、负债、所有者权益的具体项目予以适当的排列编制而成。它是一张揭示企业在一定时点财务状况的静态报表。

任务二　第 2 年年末讨论总结

【任务引例】

A 公司经营房地产,由董事长直接领导,下设总经理办公室和工程部,总经理办公室下设营销部、财务部和人事部,设有 1 名总工程师,负责户型设计、工期进度安排等工作。

易君是 A 公司的董事长兼总经理,她很喜欢欧式设计的小洋房,尤其壁炉和天窗这种细节设计,在她看来尤为贴心。在户型设计定稿之初,易君对总工程师小曾谈过她想在户型设计里面融入这些细节。小曾是个经验丰富的工程师,凭着多年的设计经验,他对易君的看法表达了不认同:"国外的房子都是低层,壁炉和天窗不影响楼上楼下的通风和采光,我们现在的容积率要求只能做小高层,增加了壁炉和天窗,这实际上对采光和通风是不利的,客户不会为我们这个设计买账。"易君告诉小曾让他跟设计院沟通,看这个户型方案能否通过。但之后易君得知,小曾并没有这样做,易君对此很生气。之后小曾开展工作时,总觉得有双眼睛在盯着他,他做的一切决策,易君事后都会再找人复核。于是,小曾提交了辞呈。

之后,易君又聘请了两位工程师,他们都按照易君的想法做了设计方案给设计院报规,但均被否决了。报规费用严重超支,而户型迟迟定不下来,严重耽误了工期。此时易君意识到了事态的严重性,最终只有选了一个市场接受度高的,也就是小曾当初选中的户型报规。

公司出现一系列问题之后,易君开始请教专业人士并认真反思。她认为吴鑫是一名知名院校园林专业的研究生,对公司目前的情况也非常了解,业务能力和知识架构全面,与各部门沟通良好,成熟稳重,于是她委任吴鑫为公司的总经理,全权交付他处理公司的事宜。吴鑫上任后,首先制定了每周例会政策,要大家都谈谈工作中遇到的问题,拿出切实解决方案帮助大家解决问题;其次他联系猎头公司,聘请经验丰富的财务主管,在短时间内出具了公司的各项预算报表以及资金执行率的规划;同时,吴鑫开始整顿人浮于事的工程部,工期一拖再拖,吴鑫开了几张处罚单,并奖励了工程部的优秀员工,这使工程部员工意识到原来的工作方式在新总经理这里不仅行不通而且还会受到处罚,而干得好的人会有奖励,于是工作态度得到了很大改善。最后,吴鑫配合营销主管制定出了新的销售激励政策,在新的激励政策中外销人员和内销人员每半个月是要轮换的,房产中介介绍的客户签订合同后,公司另外给予奖励,这样一来,销售部门的置业顾问业绩奖励都得到了保证。

年底,A公司顺利完成了一期的全部销售任务并按时交房给客户,现在正在红红火火地开展二期建设。

【知 识 准 备 与 业 务 操 作】

盈利性是指企业获得利润的能力。企业经营管理的各个方面都必须围绕着利润最大化这一目标运转。财务管理是企业经营管理的重要环节,理财人员的基本职责就是要使企业保持良好的财务状况,有较强的支付能力以偿还到期债务、分配现金股利、增加非现金资产、满足付现费用、保证再生产的顺利进行。

根据市场预测分析产品的盈利性是企业重要的预算工作。

【工作任务一——小组讨论发言】

这一年的经营真不容易,企业想要盈利不容易。

总经理:我们应善于分析竞争形式,要合理支出广告费。广告费少了,竞争排名靠后,选不到好订单;广告费多了,增加开支,减少盈利。

营销总监:我很想多选几个订单,优先选单价高、数量多的订单。但是完不成订单就要被罚款,所以生产总监和财务总监的配合很重要。我们还要争取研发 P2 产品,为下一年的销售作好准备。

生产总监:好好算算现有的生产线第 2 年一共可以生产多少数量的产品? 根据销售总监的选单情况购买生产线,如果要增加产量,我们需要买自动线、柔性线还是手工线? 买几条? 准确计算一年的产能太重要了! 我们首先应保证今年交清订单,多余的产品今年卖不掉,可以明年卖。我跟财务总监应密切沟通配合,提前准备购买生产线的资金,告诉采购总监提前准备下单原材料。

采购总监:我根据销售总监的选单情况,预算出一年的原材料数量和品种,根据生产总监生产线的购买进度,及时供应原材料,不因错订、迟订、漏订原材料而空置生产线。另外,下单原材料必须及时通知财务总监准备购买原材料的现金。

财务总监:钱不够花啊,我要贷款! 我要计算出一年里营销总监选单的销售收入、总经理的广告费支出、生产总监购买生产线和上线生产的开支、采购总监的原材料采购开支、财务部门的基本开支等,预算出第二年的资金,在保证现金不断流的前提下贷款。破产太可怕了。

资产负债表左右不平衡,要从财务、销售、生产、采购的运营登记表里查找问题。每个部门都要准确、及时地记录运营数据。

【工作任务二——总结点评】

第2年的市场订单比较少,市场行为简单,竞争压力不大,广告投放不需要太多资金。为了获得更多收益,营销总监选单应遵循:数量相同的订单,选单价高的;单价相同的订单,选数量多的。这一年企业的目标是扩大规模,生产、销售、研发更多的产品,选择更合理的生产线,提高产量,多卖产品多盈利。财务部门要贷款,应合理理财,多储备现金,为下一年的竞争作准备。采购总监和生产总监应密切配合,不能出现空置生产线的现象。

第2年的三表分析:本年综合管理费用增长很快,新市场开拓费、产品研发费和新购买生产线的维修费都急剧增长,利息、折旧等开支增加了,利润表里年度净利润为负数的可能性很大,资产负债表的所有者权益一项暂时减少,各企业差距不大。这一切都是为了下一年扩大市场和增加产品作准备,现在的亏损是为将来的盈利打基础。

> **小贴士**
>
> 产品盈利分析:企业在一段时期内(一般以1年为单位)获取利润的能力,也就是盈利的能力,一般从以下几个方面进行分析:销售毛利率、销售净利率、资产收益率、股东收益率、主营业务利润率等。

任务三　第3年年末讨论总结

【任务引例】

有个年轻人决定凭自己的智慧赚钱,就跟着别人一起来到山上,开山卖石头。

当别人把石块砸成石子,运到路边,卖给附近建筑房屋的人时,这个年轻人竟直接把石块运到码头,卖给了杭州的花鸟商人。因为他觉得这儿的石头奇形怪状,卖重量不如卖造型。

三年之后,卖怪石的年轻人,成了村里第一座漂亮瓦房的主人。

当地的鸭梨汁浓肉脆,香甜无比。每到秋天,漫山遍野的鸭梨就会引来四面八方的客商。

鸭梨生意带来了小康日子,村民们欢呼雀跃。这时,那个卖怪石的年轻人却卖掉了果树,开始种柳。因为他发现,来这儿的客商不愁挑不到好梨,只愁买不到装梨的筐。

5年后,他成了村子里第一个在城里买商品房的人。

再后来,一条铁路从这儿贯穿南北。小小的山庄更加开放了。乡亲们由单一的种梨、卖梨起步,开始发展果品加工业务和进行市场开发。

就在乡亲们开始集资办厂的时候,那个年轻人却在他的地头砌了一道三米高、百米长的墙。

这道墙面朝铁路,背依翠柳,两旁是一望无际的万亩梨园。坐火车经过这里的人,在欣赏盛开的梨花时,会看到四个醒目的大字:可口可乐。

据说这是五百里山川中唯一的广告。那道墙的主人仅凭此则广告,每年就有四万元的额外收入。

20世纪90年代末,日本某著名公司的老板来华考察。当他坐火车经过那个小山庄的时候,听到了年轻人的故事,马上被他惊人的商业智慧所震惊,当即决定下车寻找此人。

当他找到这个年轻人时,他却正在自己店门口与对门的店主吵架。

原来,他店里的西装标价800元一套,对门就把同样的西装标价750元;他标750元,对门就标700元。一个月下来,他仅批发出8套,而对门的客户却越来越多,一下子批发出了800套。

日本人一看这情形,顿时失望不已。但当他弄清真相后,又惊喜万分,当即决定以百万年薪聘请他。原来,对面的那家店也是他开的。

当一个人拥有足够的商业智慧时,就会发现商机无处不在。

【知识准备与业务操作】

泰勒(Taylor)把科学管理概括为:科学,不是单凭经验办事;协调,不是不和别人合作,不是个人主义;以最大限度的产出,取代有限的产出,每人都发挥最大的工作效率,获得最大的成功,就是用高效率的生产方式代替低成本的生产方式,以加强劳动力成本控制。工作主要是通过时间和动作研究及工作分析来实现这一目标。

ERP管理系统是现代企业管理的运行模式。它是一个在全公司范围内应用的、高度集成的系统,覆盖了客户、项目、库存、采购、供应等管理工作,通过优化企业资源以达到资源效益最大化的目标。

【工作任务一——小组讨论发言】

总经理:第3年的市场扩大了,订单增多了,每个订单的数量和价格差距明显,选择更复杂了,竞争才真正开始。我们必须调查分析竞争对手,合理分配,慎重投放广告。各部门的协作必须沟通紧密,保障企业顺利运行。

营销总监:产能预算很重要,我们必须争取在每个市场选取数量多、单价高的订单。竞争大,选单要有备选方案。千万不能因交不了订单而违约罚款。

生产总监:我们必须准确计算今年的产能,生产线购买、转产、变卖都要合理计算。数据应报给营销总监作为选单参考。努力提高产能的同时,营销总监选单一定要保证现有产品能被优先卖掉,尽早收回现金。财务总监要准备充足的现金,继续扩建生产线,采购总监及时购进原材料,绝不浪费产能。

采购总监:每种原材料数量的计算方法不一样。采购时我应提前与生产总监确认原材料的数量和品种,提前通知财务总监准备现金购买原材料。

财务总监:这一年的花费越来越多,现金需求突飞猛进,投放广告、买生产线、采购原材料、还贷款,资金已经远远不够。营销总监应及时销售产品以收回现金,现金不断流才可以保证企业顺利生产。现金为王!

【工作任务二——总结点评】

第3年的市场情况更加复杂,竞争开始变得激烈。企业投放广告以前,一定要进行市场调研——巡盘。企业可以通过巡盘了解竞争对手的生产线、原料预订、现金储备、贷款、产品研发、市场开拓等情况,研究竞争对策,制订全年的营销方案。总经理要合理分配广告费,营销总监应准备两套以上的选单计划,财务总监要预算一年的资金,生产总监要预测产品数量和品种,采购总监则据此推算原材料的数量和品种。

第3年的三表分析:本年利润来源——销售收入大幅增加,综合费用中广告费和维修费也相应增加,同时扩建生产线、购买原料、支付利息等项目开支也在增加,年度净利润的增加趋势明显。如果企业想要获得更多收益,就要科学管理——协调生产与运营,重视广告投放和营销选单。如果企业运营正常,资产负债表中所有者权益一般会相应增加,各企业之间会拉开差距。企业要想增加更多的所有者权益,就要多选单、选好单,但千万不能算错产能,如果企业违约被罚款,就会影响下一年的经营。

小贴士

ERP 管理系统——是现代企业管理的运行模式。它是一个在全公司范围内应用的、高度集成的系统,覆盖了采购、生产、销售、库存、人力资源、设备、项目等管理工作,通过优化企业资源以达到资源效益最大化的目标。ERP 管理系统示意图如图 5-1 所示。

图 5-1 ERP 管理系统示意图

任务四　第 4 年年末讨论总结

【任务引例】

有一对婆媳,媳妇在和面,不停地喊道:"妈,水多了!"婆婆正在缝被子,回喊:"加面!"媳妇又喊:"妈,面多了!"婆婆又喊:"加水!"最后,媳妇喊:"妈,面盆装不下了!"婆婆喊:"傻啊,要不是我把自己缝进被子里了,我非揍你不可!"

听了这个故事,你一定会哈哈大笑。这对婆媳彼此都对自己手中的家务活采取盲目的态度,没有认真考虑过如何做才能实现各自的目标。然而,企业又何尝不是经常出现这样的问题呢?当资源紧张时,或许企业能很好地把握住资源的比例分配,而当资源丰富的时候,做到及时合理地分配资源,绝非易事。因此,在企业的经营过程中,要实行严格的预算管理制度。我们通过预算的编制、执行与控制,达到企业资源的最优化配置,使企业的发展与所拥有的资源以及企业的经营环境保持动态平衡,从而发挥资源的价值创造功能,将未来的一切"掌握在手中",使经营风险和财务风险得到有效的控制。

【知识准备与业务操作】

预算管理是指企业在战略目标的指导下,对未来的经营活动和相应的财务结果进行充分、全面的预测和筹划,并通过对执行过程的监控,不断对照和分析实际完成情况与预算目标,从而及时指导经营活动得到改善和调整,以帮助管理者更加有效地管理企业和最大程度地实现战略目标。

常言道:"凡事预则立,不预则废。"全面预算管理已经成为现代化企业不可或缺的重要管理模式。它通过业务、资金、信息、人才的整合,明确适度的分权授权和战略驱动的业绩评价等,来实现企业资源的合理配置并真实地反映企业的实际需要,进而为作业协同、战略贯彻、经营现状与价值增长等方面的最终决策提供支持。全面预算管理是为数不多的能把组织的所有关键问题融入一个体系中的管理控制方法之一。

【工作任务一——小组讨论发言】

总经理:这一年的订单更多,市场变化更大,市场竞争更加激烈。我们要分析竞争对手,合理规划广告费,保障企业经营的最低目标——不破产。

营销总监:我要争取不选有账期的订单,早点收回现金很重要,不能算错产品数量和品种,不能违约,应该优先销售无账期的订单。

生产总监:我要认真按照营销总监的选单组织生产,优先生产无账期的订单,绝不能发生生产错误的情况,争取实现产能最大化。

采购总监:我应密切配合生产总监,及时供应原材料,不空置生产线。

财务总监:花钱越来越多,有账期的订单直接威胁到资金周转。贷款有限,我的"小算盘"要精打细算,估算好一年的资金,将钱花在刀刃上,不能让现金断流。现金为王!

【工作任务二——总结点评】

激烈的竞争刚刚开始,认真巡盘,记录准确的信息,知己知彼,百战不殆。为了争取单价高、数量多的订单,广告费的投放势必增加。订单增加,产能也要最大化,生产、购买原材料的花费更多,财务要有足够的现金才能支撑起企业的正常运营。如果等到资金不足才想办法,企业将面临破产。所以全面的预算管理成为本年度的重点。财务部要与生产总监、采购总监一起罗列本年每一笔开支,进行资金预算,预算管理必须推算到下一年广告投放以后、还贷以前。企业运营中,不仅要预算管理还要控制分析,要考虑到最坏的情况。企业不一定因为亏损而倒闭,但会因为现金断流而破产。

第4年的三表分析:本年销售订单增加,销售收入增加,同时广告、生产、采购费用也相应增加,维修费、利息、折旧等支出最大化,金额也基本固定。除非现金断流、破产或者违约,企业的年度净利润一般都会增长,有的企业增加了所得税费用,所有者权益也会增加。各企业权益的增幅差异拉大,权益差距也会越来越大。

> ### 小贴士
>
> 全面预算管理——是利用预算对企业内部各部门、各单位的各种财务及非财务资源进行分配、考核、控制,以便更有效地组织和协调企业的生产经营活动,完成既定的经营目标,如图5-2所示。
>
>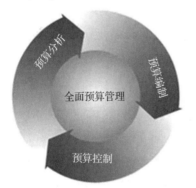
>
> 图5-2　全面预算管理

任务五　第5年年末讨论总结

【任务引例】

有个传说故事,一座深山里,住着一位举世闻名的剑神,剑法威震大江南北,打遍天下无敌手,很多学习者纷纷慕名而来,都想拜他为师。但是这位剑神很有个性,对自己的要求十分严格,对徒弟就更不用说了,想要拜他为师更是蜀道之难,难于上青天。那些慕名而来的崇拜者个个尽兴而来,扫兴而归。

有两兄弟怀着对剑法的热爱,一起千里迢迢来到深山拜剑神为师。一天过去了,剑神还是不肯接见这两兄弟,两天、三天……一转眼,十天过去了,剑神被这两兄弟的诚意打动了。两兄弟也终于见到剑神的庐山真面目。剑神用他自己独特的方法考验了两兄弟,最后他们都顺利地过关了。但剑神只收一位徒弟,两兄弟自小父母双亡,相依为命,不管谁胜利都无所谓。剑神觉得他俩的能力势均力敌,很难抉择,于是叫他俩留下来,他再观察几天。剑神特意让他们分开住,一个在山的东南边,一个在山的西北边。喝的水都是从山下挑上去的。几天过去了,哥哥不见弟弟下来挑水,就跟剑神说,"弟弟这几天都没有下来挑水,会不会出什么事了?想上去看看他。"于是他和剑神急忙赶到弟弟住的那座山,看到弟弟根本不像几天滴水不沾的人,很好奇地问:"弟弟你几天没下山,喝的水从哪里来的啊?"弟弟一边笑着一边用手指向远处。原来是一座井,井水清澈透底,剑神一看就明白了其中之道,笑着说:"弟弟对取水的流程进行了优化啊,简化了取水的途径,提高了取水效率,可以做到足不出户就有水喝,不错,真的不错,现在弟弟正式成为我的徒弟。"两兄弟紧紧抱在一起,喜极而泣。

由于山上没有水,需要花费大量的人力、物力去山下取水。但如果山上有水,那么就可以不用做这些无用功了。在取水的流程中,把从取桶到将水倒入缸中的这部分不增值的活动都去除了。因此,做事情要讲究方法,从流程上着手,通过优化流程,实现提高工作效率的目标。

想要高效,想要成功,就必须有一个合理的流程。

【知识准备与业务操作】

业务流程优化指通过不断发展、完善、优化业务流程,从而保持企业竞争优势的策略,包括对现有工作流程的梳理、完善和改进的过程,是从本质上反思业务流程,彻底重新设计业务流程,以便在衡量绩效的关键(如质量、成本、速度、服务)上取得突破性的改变。

业务流程优化是指从根本上对原来的业务流程进行重新设计,将直线职能型的结构转变为平行的流程网络结构,优化管理资源和市场资源配置,实现组织结构的扁平化、信息化和网络化,从结构层次上提高企业管理系统的效率和柔性。

【工作任务一——小组讨论发言】

总经理:市场订单变化越来越大,竞争越来越残酷。我们必须要巡盘。广告费必须提高,但这样做资金压力会更大。所以各部门必须准确预算成本,多沟通多提醒,在保证不破产的前提下,多销售产品。

营销总监:产能大了,选单也必须跟上,我们应首先考虑选数量多、价格高、账期短的订单。如果现金吃紧,则不能选太多订单,因为违约后果很严重。

生产总监:虽然产能增大了,但同时仍必须为营销总监选单提供准确的产品数量和品种,然后开足马力,全线生产,只要保障原材料充足,交单就没问题。

采购总监:根据生产总监和营销总监提供的产品品种预估原材料品种和数量,保证不迟定、漏订、错订原材料。

财务总监:资金压力很大,贷款也已经全部用完,企业经常在破产边缘徘徊。预算资金太重要,大家请别随意花钱。

【工作任务二——总结点评】

本年度市场订单越来越复杂,订单里产品数量、价格差别更大,广告费投入也更多,排名竞争进入白热化阶段。资金充足的企业广告投放无压力,选单有优势,进入良性循环;资金紧张的企业进入恶性循环——广告费投放少,排名靠后,只能选有账期、账期长的订单,现金不能及时收回,没有现金支撑生产、还贷,直至破产。如果企业生产线产能还不足三分之二,则代表企业竞争力不足,最后势必破产,所以产能应尽可能达到最大。

第5年的三表分析:销售收入继续增加,广告费也大幅增加,其他费用和开支基本稳定,没有太大增幅,所以企业年度净利润会明显增加,企业之间所有者权益差距会更大。排名靠前的企业如果不出意外,应该会成为最后的赢家。破产的企业增多,如果处在破产边缘的企业则很难支撑到下一年度。

小贴士

　　业务流程,是指为达到特定的价值目标而由不同的人分别共同完成的一系列活动。活动之间不仅有严格的先后顺序限定,且活动的内容、方式、责任等也都必须有明确的安排和界定,以使不同活动在不同岗位、角色之间能够顺利衔接。企业模拟经营流程如图5-3所示。

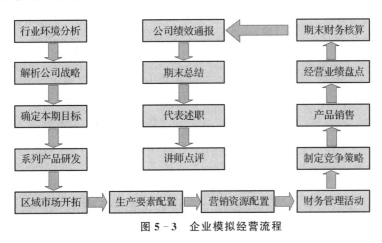

图5-3　企业模拟经营流程

5

任务六　第6年年末讨论总结

【任务引例】

A公司用大数据卖矿泉水

这里是上海九亭镇某超市的一个角落，A品牌的矿泉水静静地摆放在这里。来自A公司的业务员每天例行公事地来到这个点，拍摄10张照片：水怎么摆放、位置有什么变化、高度如何……这样的点每个业务员一天要跑15个。按照规定，下班之前150张照片就被传回了杭州总部。每个业务员，每天会产生的数据量在10 M左右，这似乎并不是个大数字。

A公司全国有10 000个业务员，这样每天的数据就是100 G，每月为3 TB。当这些图片如雪片般进入A公司在杭州的机房时，会给人一种感觉：守着一座金山，却不知道该从哪里挖下第一锹。

A公司想知道的问题包括：怎样摆放水堆更能促进销售？什么年龄的消费者在水堆前会停留更久，他们一次购买的量有多大？气温的变化让购买行为发生了哪些改变？竞争对手的新包装对销售产生了怎样的影响？许多问题的答案更多是基于经验，而不是基于数据。

从2008年开始，业务员拍摄的照片就这么被收集起来。如果按照数据的属性来分类，"图片"属于典型的非关系型数据，还包括视频、音频等。要系统地对非关系型数据进行分析是A公司设想的下一步计划，这是在"大数据时代"必须迈出的一步。如果超市、金融公司与A公司有某种渠道来分享信息，如果类似图像、视频和音频资料可以被系统地分析，如果人的位置可以被更多的方式监测到，那么摊开在A公司面前的就是一幅基于客户消费行为的画卷，而描绘画卷的是一组组复杂的"0、1、1、0"的二进制数据。

关于运输的数据场景到底有多重要呢？A公司在全国有十多个水源地，工人将水灌装、配送、上架，一瓶超市售价2元的550 ml的饮用水，其中3毛钱花在了运输上。在A公司内部，有着"搬上搬下，银子哗哗"的说法。如何根据不同的变量因素来控制自己的物流成本，成为了问题的核心。

基于上述场景，SAP团队和A公司团队开始了场景开发，他们将很多数据纳入进来，如高速公路的收费、道路等级、天气、配送中心辐射半径、季节性变化、不同市场的售价、不同渠道的费用、各地的人力成本甚至突发性的需求（例如某城市召开一次大型运动会）等。

在没有数据实时支撑时，A公司在物流领域花了很多冤枉钱。例如，某种产品（350 ml的饮用水）在某个城市的销量预测不到位时，公司以往通常的做法是通过大区间的调运来弥补终端货源的不足。"华北往华南运，运到半道的时候，发现华东实际有富余，从华东调运更便宜。但又很快发现对华南的预测有偏差，华北短缺更为严重，华东再开始往华北运。此时如果太湖突发一次污染事件，很可能华东又会出现短缺。"

这种无头苍蝇似的状况让 A 公司头疼不已。在采购、仓储、配送这条线上，A 公司特别希望通过大数据手段解决三个顽症：首先是解决生产和销售的不平衡问题，准确获知产量与配送量；其次，将 400 家办事处、30 个配送中心纳入体系中来，形成一个动态的网状结构，而非简单的树状结构；最后，将退货、残次品等问题与生产基地实时连接起来。

也就是说，销售的最前端成为一个个神经末梢，它的任何一个痛点，在大脑这里都能被快速地感知到。

"在日常运营中，我们会产生销售、市场费用、物流、生产、财务等数据，这些数据都是通过工具定时抽取到 SAP BW 或 Oracle DM，再通过 Business Object 展现的。"A 公司相关负责人表示，这个"展现"的过程长达 24 小时，也就是说，在 24 小时后，物流、资金流和信息流的信息才能汇聚到一起，彼此关联形成一份有价值的统计报告。当 A 公司的每月数据积累达到 3 TB 时，这样的速度导致其每个月财务结算都要推迟一天。更重要的是，A 公司的决策者们只能依靠数据来验证以往的决策是否正确，或者对已出现的问题作出纠正，但仍旧无法预测未来。

有了强大的数据分析能力作支持后，A 公司近年来以可观的年增长率，在饮用水市场高居市场份额前列位置。对于 A 公司来说，如何更好地利用业务员搜集来的图像、视频资料是进一步需要思考的问题。

【知识准备与业务操作】

信息化管理是以信息化带动工业化，实现企业管理现代化的过程，它是将现代信息技术与先进的管理理念相融合，转变企业生产方式、经营方式、业务流程、传统管理方式和组织方式，重新整合企业内外部资源，提高企业效率和效益，增强企业竞争力的过程。

信息化是指培养、发展以计算机为主的智能化工具为代表的新生产力，并使之造福于社会的历史过程。智能化工具又称信息化的生产工具。它一般具备信息获取、信息传递、信息处理、信息再生、信息利用等功能。与智能化工具相适应的生产力，称为信息化生产力。

企业信息化管理的精髓是信息集成，其核心要素是数据平台的建设和数据的深度挖掘，通过信息管理系统把企业的设计、采购、生产、制造、财务、营销、经营、管理等各个环节集成起来，共享信息和资源，同时利用现代的技术手段来寻找自己的潜在客户，有效地支撑企业的决策系统，达到降低库存、提高生产效能和质量、快速应变的目的，增强企业的市场竞争力。

【工作任务一——小组讨论发言】

总经理：总经理是决策者，企业成败关键在于"决策"，不能在决策上出现失误。总经理要组织团队沟通协作，督促各部门准确地进行预算，规划越长远，取胜越有把握，预算最好做到第 3 年，还要有备选方案。我要胆大心细，具备风险意识和开拓精神。与竞争对手博弈时，要善于临场应变，绝不死板，"变化才是硬道理"。

营销总监:企业要发挥产能优势,多销售产品多挣钱,但是也不能胡乱选单,选太多订单,生产没跟上,企业损失会更大。

生产总监:产能不足直接导致企业收入减少,生产出错会导致企业直接破产,我必须与营销总监、采购总监、财务总监密切配合,及时沟通,顺利地完成生产任务。

采购总监:原材料必须提前与生产总监协调,不出错误就是成功。

财务总监:现金很重要,不能只靠贷款,只有稳扎稳打生产和销售才是正确道路。精打细算是学问,能省的费用一定要节约,一切工作都应该为增加利润和所有者权益服务。

【工作任务二——总结点评】

最后一年,竞争最激烈,但是也有明显的倾向。那些团队协作好、善于分析竞争对手、规划预算合理、广告投放多的企业盈利多,资金充足,越来越有优势,进入良性循环。反之,有的企业只能维持经营,甚至等待破产。选单差距已经拉大,生产能力差距也继续拉大。优势企业考虑的是节约更多费用,获取最大利润;劣势企业考虑的是如何保证现金不断流,保障企业生存下去。

第6年的三表分析:有生产能力的企业销售收入最大化,各项费用开支增幅不多,基本稳定。为了增加企业年度净利润,财务总监和生产总监判断变卖哪些生产线能节省维修费、折旧费。根据所有者权益确定最终的比赛成绩,企业竞争排名由此敲定。

小贴士

信息流有广义和狭义两种含义。广义的信息流指在空间和时间上向同一方向运动过程中的一组信息,它们有共同的信息源和信息的接收者,即由一个信息源向另一个单位传递的全部信息的集合。狭义的信息流指信息的传递运动,这种传递运动指信息在现代信息技术研究、发展、应用的条件下,按照一定的要求通过某一渠道。

资金流就是指在营销渠道中,随着商品实物及其所有权的转移而发生的资金往来。

【项目小结】

通过6年的企业运营,大家是否都有共同感受:企业成败的关键在于正确的决策,决策的依据来源于整体的信息化管理。ERP企业资源计划就是这样一套科学的体系。企业资源——信息、资金、人员、物资,缺一不可。没有ERP企业资源计划,企业内部管理混乱,业务互相脱节,经营运作困难,管理效率低下。信息化管理首先是信息的集成,是企业物流、信息流、资金流的集成,它是现代信息技术与先进的管理理念的融合,能够重新整合企业内外部资源,提高企业效率与效益,最终提升企业竞争力。

　　合理规划资源,首先应分析信息资源,即竞争对手、市场订单、广告排名。营销总监根据市场预测和广告排名状况选择订单,财务总监根据市场信息进行资金预算,生产总监根据市场信息组织生产,采购总监根据市场信息准备原材料。企业的每个部门必须团结协作、密切配合才能获取更多收益。

【项目训练】

　　每年经营结束,小组成员应充分发言,培养思考能力,提高决策能力,增强团队凝聚力。

　　看得懂、会填写经营三表——综合管理费用明细表、利润表、资产负债表。根据数据分析企业经营中存在的问题和导致的原因,总结年度运营中的个人工作业绩,提出下一年的经营计划。

5

项目六　后台操作讲解

教学目标

◆ 知识目标

了解实训系统的运行环境。

◆ 技能目标

1. 掌握实训系统的安装。

2. 掌握实训系统的运行。

◆ 素养目标

增强对操作系统发展国情的客观认识、对信息安全及国家安全的危机意识、对技术革新及追求卓越的向往、对操作系统规模复杂性及团结协作开发必要性和重要性的认同,潜移默化地培养爱国精神、创新精神、工匠精神和团队精神。

 知识导图

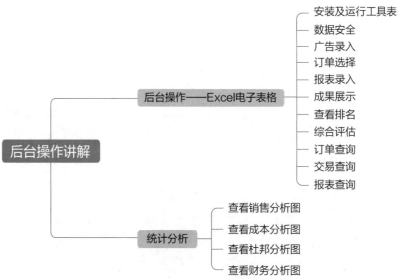

引导案例

2021年的3·15晚会曝光了"瘦肉精喂羊""名表维修内幕""各大招聘网站简历流向黑市"等现象，让一批企业处于风口浪尖，也让民众因担心自身的合法权益有无被侵占而惶惶不安。

而这其中，"求职者简历被流向黑市"的曝光则让无数人不寒而栗，据3·15晚会消息称，在某招聘网站上，企业账户只要交钱办理会员，就可以不受数量限制下载包含姓名、年龄、照片、联系方式、工作经历等关键信息的完整简历。在注册企业账户时，伪造的资质申请也能通过审核。有不法分子用非法所得的大量简历在网上兜售牟利。而近年来，各地警方已经破获多起类似案件，在其中一个嫌疑人的一块硬盘当中，存储的公民简历数量竟多达700余万条。

在信息爆炸的时代，个人信息安全的底线到底在哪里？企业有无真正担负起保护客户信息安全的重责？

以企业的客户服务中心为例，作为密切接触客户信息的第一线，客服中心掌握着大量的用户隐私数据，如果不慎泄露客户信息，不仅会造成客户个人信息安全的隐患，也会对企业的整体形象及客户认同感造成致命打击。

为满足不同企业对于数据信息安全的差异化需求，目前市面上有公有云、私有云、混合云等多种部署方式。不同数据部署方式有各自的特点。

公有云，顾名思义，是部署在外置服务器上，通过内置的安全工具来保护企业数据信息。部署公有云，企业无须自建服务器，由外部信息安全团队进行统一管理，解决部分企业网络安全技能不足的难题，降低企业自建服务器的成本支出，同时提升企业整体服务的可扩展性。

私有云，则是企业对网络、操作系统和服务器等自行设置应用方式。借助私有云，企业可以控制和可视化其网络安全状况，并可以对其设置自定义以满足特定需求。当然，这对企业自建信息安全团队以及资金投入的要求也更高了，同时也要求内部管理员在实施和访问安全工具时具有更大的灵活性。

而混合云，是一些业务应用程序和数据驻留在公有云上，其他业务数据则在企业私有云或内部数据中心中进行管理。混合云结合了公有云和私有云的优点，可以为企业提供最大的灵活性。但这也要求企业的安全管理员必须具备可以多元处理问题的能力，以保证数据的安全性。

在信息数据安全方面，无论从成本或网络安全角度来看，各种云平台都能发挥自己的作用。企业应根据业务发展方向与网络数据安全等多重需求综合衡量，选择最适合自身所需的方式才是最稳妥的做法。

6

案例思考

由于历史原因，我国仍处于操作系统研发能力浮于外围而未深入核心的困局中，"科技兴则民族兴，科技强则国家强，核心科技是不能轻易引进的"，我国目前计算机系统安全仍面临挑战，我国的计算机核心技术自主可控的重大需求仍未得到解决。作为学生，我们应珍惜光阴,脚踏实地,奋发学习,认清现状,敢于担当操作系统研发重任,培养积极投身国家重大需求的爱国热情。

任务一 后台操作——Excel 电子表格

【知识准备与业务操作】

一、系统应用基础

(一) 运行环境

《新道企业经营管理沙盘模拟》院校版分析工具的软硬件环境要求如表 6-1 所示。

表 6-1 软硬件环境

环境	要 求
操作系统	WINDOWS
OFFICE	Excel 2002、Excel 2010
屏幕分辨率	1 024×768

(二) 安装及运行

1. 安装

为保护数据,本产品为一次性使用软件,即软件一经使用,某些功能将被终止,以保护训练的数据。所以,每次授课时,必须将光盘中的"新道企业经营管理沙盘(新创业者)授课及分析工具"直接复制到本地磁盘中,并取消复制文件的"只读"属性,使用复制文件进行授课。授课完成后,如果需要保存训练数据,请妥善保存该文件;不需要保留数据时,删除该文件即可。

2. 运行

运行时,直接双击复制到本地磁盘上的"新道企业经营管理沙盘(新创业者)模拟授课及分析工具 V5.0"文件中,即可进入软件主界面。如果系统提示是否使用宏时,一定要选择"启用宏"进入系统,否则,软件将无法正常工作。

3. 输入本次课程的相关信息

分析工具主界面如图 6-1 所示。在屏幕下方的编辑区中,输入本次课程的相关信息,如班次、日期等,输入完成后,单击右下角的"确定输入"按钮。

二、系统使用导航

从分析工具主界面中可以看到,分析工具界面提供了 10 项主要功能,按类型可分为以下三部分:① 基础信息记录类:包括广告录入、订单选择和报表录入;② 数据查询

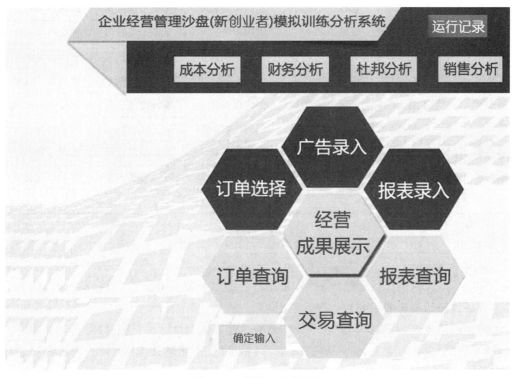

图 6 - 1　分析工具主界面

类:包括订单查询、交易查询、报表查询;③ 统计分析类:包括成本分析、财务分析、杜邦分析、销售分析。

统计分析类将放在附录部分作详细介绍。

(一) 基础信息记录工具

基础信息是企业模拟竞争过程中产生的,是每组决策过程的数据记录,也是系统进行计算、查询、统计分析的基础。

1. 广告录入

每年企业经营开始的首要环节,是举行销售会议与获取订单。广告录入功能就是把各企业在各市场的不同产品上投入的广告费用输入系统中,为下一步的订单选择、报表自动生成、广告效益分析提供基础数据。

2. 订单选择

订单签约窗口中的市场选单按钮是随着经营年份开启的,录入了第几年的广告费用,并且封存广告费数据,就开启这一年的市场选单按钮,订单签约窗口如图 6 - 2 所示。例如:录入完第 2 年的广告费,且封存数据完毕,就在订单签约窗口中,可以且只能通过第 2 年的市场选单按钮,进入选单窗口。点击其他年份的市场选单按钮,会没有任何反应,不会切换到市场选单窗口。

每年度的销售会议是按不同市场进行的,按照本地市场、区域市场、国内市场、亚洲市场和国际市场的顺序依次进行。

第一年	本地市场选单	区域市场选单	国内市场选单	亚洲市场选单	国际市场选单
第二年	本地市场选单	区域市场选单	国内市场选单	亚洲市场选单	国际市场选单
第三年	本地市场选单	区域市场选单	国内市场选单	亚洲市场选单	国际市场选单
第四年	本地市场选单	区域市场选单	国内市场选单	亚洲市场选单	国际市场选单
第五年	本地市场选单	区域市场选单	国内市场选单	亚洲市场选单	国际市场选单
第六年	本地市场选单	区域市场选单	国内市场选单	亚洲市场选单	国际市场选单
第七年	本地市场选单	区域市场选单	国内市场选单	亚洲市场选单	国际市场选单
第八年	本地市场选单	区域市场选单	国内市场选单	亚洲市场选单	国际市场选单
成果展示					

图 6-2　订单签约

3.报表录入

每一年的经营运作过程结束后,各企业都要编制利润表和资产负债表。这两张表也是进行后续统计分析的主要数据源。

当训练结束时,系统提供企业运行结果的综合评估和总结。竞赛时,其可以作为评判优胜的最后结果。对企业运行结果的综合评估是以企业的硬设备和软资产两方面因素作为权重,以企业最终获得的权益为基数进行计算的。此项评分可以在经营 4 年以后的每年中进行。

(二)数据查询工具

数据查询工具为企业运营流程中的关键数据提供查询功能,主要包括订单查询、交易查询、报表查询。

(1)订单查询功能提供各企业每年所获得的订单详细资料,如有可能,在交单时可以利用表中的完成栏记录订单的完成情况。

(2)交易查询功能可以查询不同年度各企业在各市场投入的广告费、取得的按产品分类的订单销售额和数量的汇总情况。

(3)报表查询功能提供了不同年度各企业利润表和资产负债表的汇总情况,表中的数据均取自各企业当年的经营数据,不能在此页面对这些数据进行修改。

【工作任务一——安装及运行工具表】

1.安装

可按照前述【知识准备与业务操作】中"(二)安装及运行"中的"安装"内容介绍,完成软件的复制操作。

2.运行

可按照前述【知识准备与业务操作】中"(二)安装及运行"中的"运行"内容介绍,进入系统。

3. 输入班级信息

在屏幕下方的编辑区中,输入本次课程的相关信息,如班级、日期等。输入完成后,单击右下角的"确定输入"按钮。

小贴士

课程信息一经确认(点击"确定输入"后),"确定输入"按钮随即消失,课程信息不可更改。

4. 输入各组人员信息

点击"报表录入"按钮,选择要录入的公司,进入"报表录入"界面,输入各组人员信息,如图 6-3 所示。可在界面右上角,录入 A 公司成员名单。

年份	管理费	广告费	设备维护	厂房租金	转产费	市场开拓	ISO认证	产品研发	其它	总计	P1收入	P1数量	P1成本	P2收入	P2数量	P2成本	P3收入	P3数量	P3成本	P4收入	P4数量	P4成本	A 成员名单	
1年																							总裁	
2年																							营销主管	
3年																							财务主管	
4年																							生产主管	
5年																							供应主管	
6年																							财务助理	
7年																							营销助理	
8年																							生产助理	
																							供应助理	

	利润表								模拟公司名称 资产									负债+权益							
项目	1	2	3	4	5	6	7	8	流动资产	1	2	3	4	5	6	7	8	负债	1	2	3	4	5	6	7	8
销售收入									库存现金									长期负债								
直接成本									应收									短期负债								
毛利									在制品									应付款								
综合费用									产成品									应缴税								
折旧前利润									原材料									1年期长贷								
折旧									流动合计									负债合计								
息前利润									固定资产									权益								
财务收/支									土地和建筑									股东资本								
额外收/支									机器设备									利润留存								
税前利润									在建工程									年度利润								
税									固定合计									权益小计								
净利润									资产总计									负债权益总计								

图 6-3　录入 A 公司成员名单

小贴士

在该界面的右上角,可以按照该公司岗位角色,将相关人员录入系统内。如果模拟的公司有具体名称,也可将公司的名称输入屏幕中间的"模拟公司名称"的位置处。

6

【工作任务二——数据安全】

　　每当数据录入完成后,为避免有意或无意的差错造成数据丢失,需要经常选择"文件/保存"按钮保存数据。

【工作任务三——广告录入】

　　(1)点击"广告录入",进入"广告录入"界面,如图6-4所示。

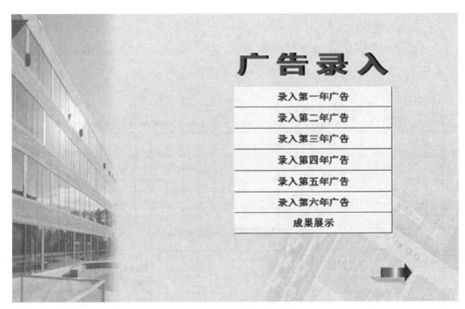

图6-4　广告录入

　　(2)点击"录入第一年广告",进入"第一年广告登记"界面,如图6-5所示。

						请确认文件 存在再导入
第一年广告登记				封存广告单		
组别	(本地)		(区域)		广告合计	全部导入
	P1	P2	P1	P2		
A						A 组导入
B						B 组导入
C						C 组导入
D						D 组导入
E						E 组导入
F						F 组导入
G						G 组导入
H						H 组导入
I						I 组导入
J						J 组导入

图6-5　第一年广告登记界面

（3）输入广告费并确认无误后，双击"封存广告单"，封存本次输入的广告费数据。所谓"封存"，即无法再次进入本界面对本年的广告数据进行修改。

【工作任务四——订单选择】

在分析工具主界面中直接单击"订单选择"按钮，也可以直接进入"订单签约"界面。同样，单击屏幕右下角的箭头，可以返回分析工具主界面。

下面以第一年本地市场选单为例，说明订单签约的操作流程。

（1）在订单签约主界面中，选择第一年的"本地市场选单"，进入"本地市场选单"界面，如图6-6所示。

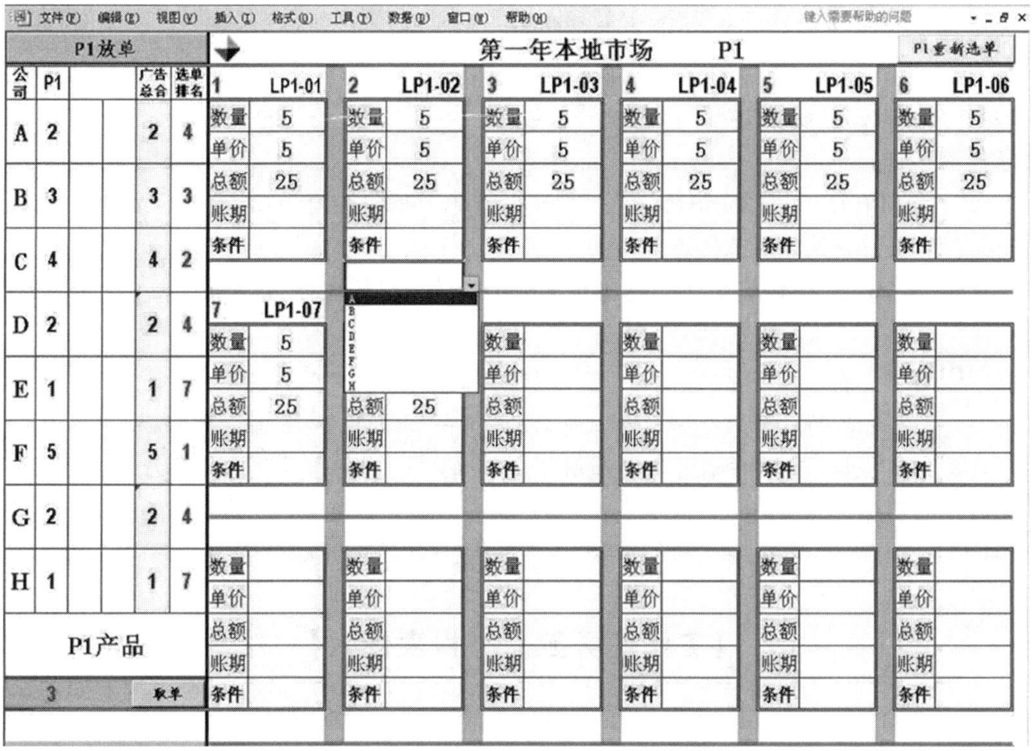

图6-6　第一年本地市场选单界面

（2）单击右上角的"P1重新选单"按钮，消除所有P1订单数据。

（3）单击左上角的"P1放单"按钮，将数据库中的第一年订单数据调入当前订单内。

（4）左侧的表格列示了不同企业的P1产品的广告费、认证费的投入情况，其中：

① 产品标号列：所展现的数据是本年度各企业在该产品上投入的广告费。

② 广告总和列：本年度企业在本市场投入的广告费总和，即P1的广告费用的合计。

③ 选单排名列：根据各企业广告费用合计数，自动排定选单顺序。

如某企业选定一张订单后，只需要将光标移至该张订单下方的空格处，单击单元格激活下拉列表按钮，从下拉列表中选择该企业标识，如"A"或"D"等，如图6-6所示，也可直接输入公司代码。

（5）订单按不同市场、不同产品投放，各企业按照排定的顺序选择订单。

① 以投入某个市场、某个产品广告费用的多少产生该产品的选单顺序。

② 如果两个或两个以上的企业在同一产品投入的广告费用相同，则按本市场的广告投入总量的多少来进行排名。

③ 如果市场广告总投入量一样，可让排名相同的企业同时间进行选单，如果两个队选择了相同的订单，并且都不愿意放弃该订单，则采用下列方式进行选单排名：

a. 竞标方式选单。把某一订单的销售价去掉，按竞标公司所出的销售价决定谁获得该订单（按出价由低到高的顺序选单）。

b. 抽签方式确定选单顺序。

（6）市场投放所有订单，企业根据自己的产能选择订单。第一轮按选单顺序选择，每个企业一轮只能选择 1 张订单。各企业都选完后，再开始下一轮的依次选单。第二轮选单要求企业对该市场该产品的广告投入总数在 2 万元以上（第三轮在 3 万元以上），选单规则同第一轮。

（7）当所有订单选择完毕后，点击"取单"，订单数据将会自动保存，供后续订单查询、交易查询、报表查询等环节使用。

（8）所有产品选单完成后，点击本页面最上端的菱形按钮，返回分析工具主界面。

> **小贴士**
>
> 一个产品的订单须全部确定归属后，再单击"取单"；已经确定取单后，要改变订单归属，可以点击"重新选单"，如图 6-6 中的"P1 重新选单"，直接执行第（3）步之后的操作。

【工作任务五——报表录入】

在系统主界面点击"报表录入"按钮，进入报表录入主界面，如图 6-7 所示。

该窗口提供"各公司经营数据的录入""资质查询""成果展示"等功能。在该窗口中可以录入反映企业经营状况的四张报表，分别是"综合管理费用明细表""产品销售统计表""利润表"和"资产负债表"。前两张表为横向表，列为"项目"，行为"各年数据"；后两张表为纵向表，行为"项目"，列为"各年数据"。录入 A 企业经营数据，如图 6-8 所示。

反映企业经营状况的四张报表的录入要点如下所示。

（1）综合管理费用明细表（左上角区域）根据学员手册中的"综合管理费用明细表"填列，其中深色的总计项是非输入项，由系统自动生成。

（2）产品销售统计表（右上角区域）根据学员手册中"产品核算统计表"填列，该区域销售收入和数量栏显示的数字是根据企业本年选择的订单数据汇总而来的，成本栏数据是根据给出产品的标准成本计算出来的。

图 6-7 报表录入主界面

文件　编辑　视图　插入　格式　工具　数据　窗口　帮助

年份	管理费	广告费	设备维护	厂房租金	转产费	市场开拓	ISO认证	产品研发	其他	总计	P1			P2			P3			P4			成员名单
											收入	数量	成本	收入	数量	成本	收入	数量	成本	收入	数量	成本	总裁
1年关账																							营销主管
2年																							财务主管
3年																							生产主管
4年																							供应主管
5年																							财务助理
6年																							营销助理
7年																							生产助理
8年																							供应助理

开发项目	模拟公司名称

利润表									资产									负债+权益								
项目	1	2	3	4	5	6	7	8	流动资产	1	2	3	4	5	6	7	8	负债	1	2	3	4	5	6	7	8
销售收入	25								库存现金									长期负债								
直接成本	10								应收款									短期负债								
毛利	15								在制品									应付款								
综合费用	6								产成品									应缴税								
折旧前利润	9								原材料									1年期长贷								
折旧									流动资产合计									负债合计								
息前利润	9								固定资产									权益								
财务收/支									土地和建筑									股东资本								
额外收/支									机器设备									利润留存								
税前利润	9								在建工程									年度利润								
税									固定资产合计									权益合计								
净利润	9								资产总计									负债权益总计								

图 6-8 A 企业经营数据录入

（3）利润表（左下角区域）根据学员手册中的"利润表"填列。只需要在白颜色单元格中输入数据，其中，"折旧"行直接填入提取的折旧总数（正数），"财务收/支"项直接以正数输入贷款利息及贴现费用；"额外收/支"项根据收支属性以正数或负数填入，其他项系统自动计算。

（4）资产负债表（右下角区域）根据学员手册中的"资产负债表"填列。同样，只需要在白颜色单元中输入数据，其他项系统自动计算。所有数据录入完成后，单击左上角菱形按钮返回。

> **小贴士**
>
> 所有数据录入完成后，必须于表格左上方的年份列中，在报表的当年格中点击"××年关账"选项后，才能在成果展示中看到企业本年的成果。
>
> 在录入数据时，需要特别注意的是，应该将数据根据相应的经营年份，填入对应年份的行或列中，否则展示和分析的数据将会不准确。

【工作任务六——成果展示】

每一年企业竞争模拟结束后，可以单击"成果展示"查看各企业的经营成果，如图6-9所示。

年份 公司	起始年	1	2	3	4	5	6	7	8	总　分
A	38 −2									
B	38 −2									
C	38 −2									
D	38 −2									
E	38 −2									
F	38 −2									
G	38 −2									
H	38 −2									

图6-9 成果展示

成果展示图为我们展示了各企业各年的所有者权益和净利润数据。每年的经营结果数据为两行，第一行是本年的所有者权益，第二行为企业当年的净利润数值，即当年对权益的贡献情况。

（1）如果当年对权益的贡献是负数（亏损），则用红字表示。

（2）当权益或净利润为零时，数值不显示。

（3）当权益为负数时，表示企业已经资不抵债，企业将破产倒闭。

> **小贴士**
>
> 　　各年度各市场销售排名第一的公司，将会展现在成果展示表中。每年年初订货会结束后，对各公司在各市场中的订单销售额作汇总统计，排出当年的市场地位，销售额第一的公司为"市场老大"。本年度的市场排名将作为下年度市场订货会时排定选单顺序的条件之一。

【工作任务七——查看排名】

点击成果展示窗口右下方的"查看排名"，进入市场排名统计表窗口，如图 6 - 10 所示。从中可以查看到各年各公司在各个市场中的销售总额、广告投入以及销售排名等信息。

年份	组别	本地				区域				国内				亚洲				国际			
		广告合计	金额合计	产品合计	下年排名	广告合计	金额合计	产品合计	下年排名	广告合计	金额合计	产品合计	下年排名	广告合计	金额合计	产品合计	下年排名	广告合计	金额合计	产品合计	下年排名
第一年	A	3	6	1	6				X				X				X				X
	B	9	16	3	4				X				X				X				X
	C	12	36	7	1				X				X				X				X
	D	3	11	2	5				X				X				X				X
	E	10	22	4	3				X				X				X				X
	F	12	26	5	2				X				X				X				X
总计		49	117	22																	
第二年	A	1	5	1	6	6	24	4	2				X				X				X
	B	8	20	4	4	11	21	3	3				X				X				X
	C	3	46	9	2				X				X				X				X
	D	9	49	8	1	5	9	2	4				X				X				X
	E	5	36	6	3	7	30	5	1				X				X				X
	F	2	10	2	5				X				X				X				X
总计		29	168	30		29	84	14													

图 6 - 10　查看排名

【工作任务八——综合评估】

（1）在报表录入选择窗口中单击"综合评估"，进入企业综合评估界面，如图 6 - 11 所示。

（2）当所有数据录入完成后，在屏幕左上角所标注的编辑区域内输入"Y"，表示录入完成并希望查看评分。

（3）单击左上角菱形按钮返回，系统会自动计算各组总分。

Score ↓	Y	Input "Y" for Calculating									Score=权重系数*权益
		A	B	C	D	E	F	G	H	I	J	权重系数按下列条件计算
大厂房		1	1	1			1					+15
小厂房												+10
手工生产线			1		2							+5/条
半自动生产线		1	1	1	3	2	2					+10/条
全自动/柔性线		3	2	5	1	2	4					+15/条
区域市场开发		1	1	1	1	1	1					+10
国内市场开发		1	1	1	1	1	1					+15
亚洲市场开发		1	1	1	1	1	1					+20
国际市场开发												+25
ISO9000		1	1	1	1	1	1					+10
ISO14000			1	1			1					+10
P2产品开发		1	1	1	1		1					+10
P3产品开发		1	1	1		1	1					+10
P4产品开发												+15
本地市场地位				1								+15/结束年市场第一
区域市场地位							1					+15/结束年市场第一
国内市场地位				1								+15/结束年市场第一
亚洲市场地位				1								+15/结束年市场第一
国际市场地位												+15/结束年市场第一
高利贷次数												请在左边空格中扣入扣分次数，在右边的空格中输入每次扣分的分数
其他扣分												请在左边格中直接输入扣除的总分

图6-11 企业综合评估

（4）完成以上操作后，重新进入成果展示窗口，即可在成果展示的总分栏中看到各模拟企业的最后得分，如图6-12所示。

年份 公司	起始年	1	2	3	4	5	6	7	8	总 分
A	66 / 2	36 / -30	12 / -24	21 / 9	32 / 11	53 / 21	65 / 12			149.5
B	66 / 2	42 / -24	19 / -23	28 / 9	46 / 18	65 / 19	71 / 6			202.4
C	66 / 2	51 / -15	37 / -14	59 / 22	90 / 31	116 / 26	148 / 32			429.2
D	66 / 2	40 / -26	25 / -15	29 / 4	16 / -13	-16	81 / -13			
E	66 / 2	37 / -29	18 / -19	14 / -4	21 / 7	34 / 13	68 / 34			163.2
F	66 / 2	43 / -23	35 / -8	52 / 17	80 / 28	113 / 33	147 / 34			404.3
本地		C	D	A	C	C	C			查看排名
区域			E	F	F	AF	F			
国内				C	C	C	C			
亚洲					C	C	C			
国际										

图6-12 企业经营结果查询

小贴士

（1）深色部分的数据，系统会自动从经营报表中获取，不能更改。浅色部分的数据需要根据各公司的情况手动录入。

（2）除生产线和扣分纪录数据之外，其余数据均不大于 1，如产品开发完成便可在相应的产品开发处输入"1"。生产线则输入实际拥有的建设完成的并已投入生产的生产线数量。

（3）扣分是对违规企业的一种必要的惩罚措施，可以认为是企业信誉降低带来的权益损失。

本软件提供两种扣分方法：一种是按照违规次数进行的扣分；一种是直接输入扣除的分数总计。

① 第一种扣分方式需要在左边的表格中输入违规次数，并在右边指定的地方输入每次扣分的标准（如 4 分/次，则输入"4"），此标准是教师在训练之前约定的。

除了系统设定的高利贷扣分外，也可用此栏进行其他约定的扣分，例如迟交报表，每次扣除 3 分等。

② 第二种扣分方式可直接在"其他扣分"项中输入要扣除的总分数。

（4）扣分项不作为权重系数的减项，而是作为最后加权得分后的减项，直接从总分中扣除。

（5）在对企业经营进行评估时，有以下几种情况的企业将不能参加最后的评比。

① 评估年份权益为负数的企业（即破产企业）。

② 在运行过程中股东进行过增资行为，即评比年份的股东资本与第一年的股东资本不一致的企业。

③ 评估年权益合计为零的企业。

【工作任务九——订单查询】

在分析工具主界面，点击"订单查询"，A 企业订单查询界面如图 6-13 所示。

【工作任务十——交易查询】

在分析工具主界面，点击"交易查询"。图 6-14 显示了第三年参与竞争的各企业当年的广告费、各种产品的订单总金额和需要交货的各种产品数量信息，这样就可以横向比较各企业第三年的交易情况。

序号	年份	市场	产品	数量	价格	收入	帐期	条件	编号	完成
1	1	本地	P1	1	5.7	6	9		LP1-2/6	
2	2	本地	P1	1	5	5			LP1-1/6	
3	2	区域	P1	2	5	10	2		RP1-3/3	
4	2	区域	P2	2	7	14	3		RP2-3/4	
5	3	本地	P1	2	5	10	2		LP1-1/5	
6	3	本地	P1	6	4.3	26	3		LP1-2/5	
7	3	本地	P1	3	4.6	14	2		LP1-3/5	
8	3	本地	P2	2	9	18	3		LP2-5/5	
9	3	本地	P3	2	8.5	17	3		LP3-1/3	
10	3	区域	P1	1	5	5	1	加急	RP1-2/3	
11	3	区域	P2	2	8.5	17	3		RP2-4/4	
12	4	本地	P2	5	8.2	41	3		LP2-5/6	
13	4	本地	P2	1	10	10	1		LP2-6/6	
14	4	区域	P3	2	8.5	17	3		RP3-4/4	
15	5	本地	P2	2	9	18	3		LP2-4/5	
16	5	本地	P2	4	7.7	31	2		LP2-5/5	
17	5	区域	P2	4	6	24	3		RP2-3/3	
18	5	区域	P3	2	9	18	1		RP3-3/4	
19	6	本地	P2	2	6	12	4		LP2-2/5	
20	6	区域	P3	2	9.5	19	3		RP3-2/4	

图 6-13　A 企业订单查询界面

公司	项目	本地						区域						国内						亚洲						国际					
		P1	P2	P3	P4	9K	14	P1	P2	P3	P4	9K	14	P1	P2	P3	P4	9K	14	P1	P2	P3	P4	9K	14	P1	P2	P3	P4	9K	14
A	广	7	1	3				2	5																						
	额	50	18	17				5	17																						
	数	11	2	2				1	2																						
B	广	1						1	1					1	1																
	额	15							23						16																
	数	3							3						2																
C	广		1											1	6	1															
	额		17											6	56	24	1														
	数		2											1	7	3															
D	广		1					1																							
	额		23					14																							
	数		3					3																							
E	广			1					1						1																
	额			16					16						16																
	数			2					2						2																
F	广	1	2	3				2	3					2	3																
	额	18	30	31				31	32					17																	
	数	4	4	4				4	4					2																	

图 6-14　交易查询

小贴士

如果采用非本软件提供的订单进行训练,市场竞单时就不能用本软件的竞单方式。此时,可以利用手工竞单方式进行每年的竞单。在竞单时,填写广告登记表,如表 6-2 所示,然后再通过交易查询窗口录入数据,后续同样能进行统计、图形和数据分析。但此种方法没有办法实现按公司查询明细订单的功能。

表 6-2 广电登记表

第一年——A组(本地)						(区域)					
产品	广告	单额	数量	9K	14K	产品	广告	单额	数量	9K	14K
P1						P1					
P2						P2					
P3						P3					
P4						P4					

【工作任务十一——报表查询】

在分析工具主界面,点击"报表查询",利润表查询情况如图 6-15 所示。

查询结束后,可点击左上角的右箭头,进入"资产负债表"显示界面,资产负债表查询情况如图 6-16 所示,这一步骤也可通过点击菱形图标返回报表查询选择窗口实现。

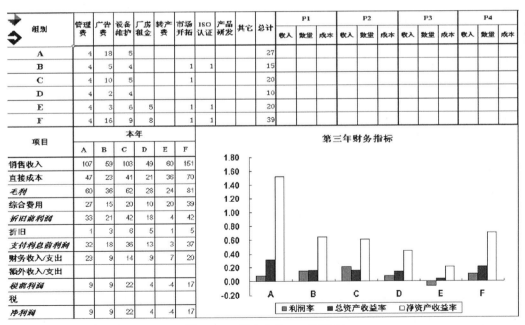

图 6-15 报表查询——利润表

	资产负债表												
资产项目	本年						负债+权益	本年					
流动资产	A	B	C	D	E	F	负债	A	B	C	D	E	F
库存现金		20	5	3	9	1	长期负债	20	40	80	40	20	40
应收	6		80	23	32	77	短期负债	40	20	60		20	60
在制品	9	12	19		16	31	应付款						
产成品	4			2		3	应缴税						
原材料	2	2			1		一年到期长贷	20	20	20	20	20	20
流动资产合计	21	34	104	28	58	112	负债合计	80	80	160	60	60	120
固定资产	第三年						权益	第三年					
土地和建筑	40	40	40	40			股东资本	50	50	50	50	50	50
机器设备	40	6	11	9	8	60	未分配利润	-38	-31	-13	-25	-32	-15
在建工程		28	64	12	8		年度利润	9	9	22	4	-4	17
固定资产合计	80	74	115	61	16	60	所有者权益合计	21	28	59	29	14	52
资产总计	101	108	219	89	74	172	负债和权益总计	101	108	219	89	74	172

图 6-16 报表查询——资产负债表

任务二 统计分析

【知识准备与业务操作】

统计分析是统计工作中最关键的一步。本系统中统计分析功能包括销售分析、成本分析、杜邦分析和财务分析。

一、销售分析

(一)市场占有率分析

市场占有率分析包括某年度市场占有率、某市场累计占有率、累计市场占有率和某产品的某年度的市场占有率分析,以直观的饼图方式显示。

(1)某年度市场占有率。该指标是指某年度各企业在当年所有市场中的各种产品销售额占总销售额的比重,如图 6-17 所示。

(2)某市场累计占有率。该指标是指经营若干年之后,对某个市场进行的占有率分析,这个分析重点告诉经营者哪个企业在这个市场的销售情况比较好,如图 6-18 所示。

(3)累计市场占有率。该指标是反映企业在所有市场中历年经营状况的指标,如图 6-19 所示。该指标反映一个企业在相同的时段内的经营业绩的同比分析。

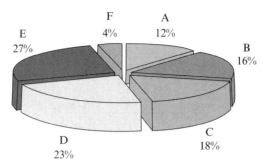

图 6-17 某年度市场占有率

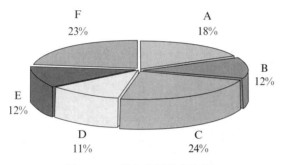

图 6-18 某市场累计占有率

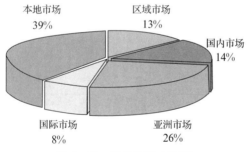

图 6-19 累计市场占有率

（4）某产品的某年度的市场占有率。各企业某产品的某年度的市场占有率如图 6-20 所示,表现了企业该年某产品销售能力的强弱。

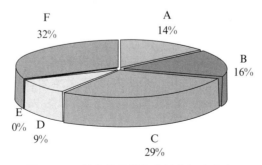

图 6-20 某产品的某年度的市场占有率

（二）广告投入产出分析

广告投入产出分析，是评价广告投入收益率的指标，广告投入产出比的计算公式为：

$$广告投入产出比＝订单总量总额÷广告投入$$

广告投入产出分析用来比较各企业在广告投入上的差异。这个指标告诉经营者：本企业与竞争对手在广告投入策略上的差距，以警示营销总监深入分析市场形势和竞争对手，寻求节约成本、策略取胜的突破口。

根据市场和时间的不同，系统提供了两项统计指标：一是某年广告投入产出比，如图 6-21 所示；二是累积广告投入产出比，如图 6-22 所示。

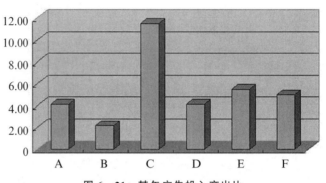

图 6-21　某年广告投入产出比

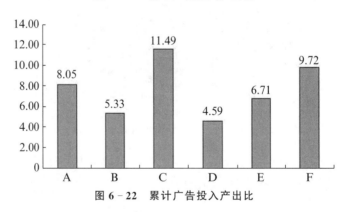

图 6-22　累计广告投入产出比

（三）产品销售统计

产品销售统计用两个指标反映各产品的市场销售总量：一是产品数量；二是产品销售额。其中，交易的产品数量和金额可以以企业为单位，分解为各年的产品销售额的变化与销售数量的变化或产品的累计销售额，分别如图 6-23 和图 6-24 所示。

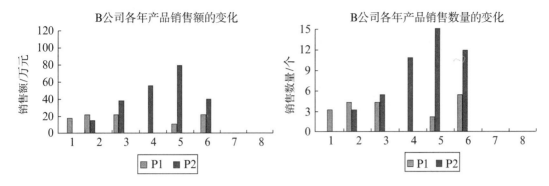

图 6 - 23　各公司产品销售统计

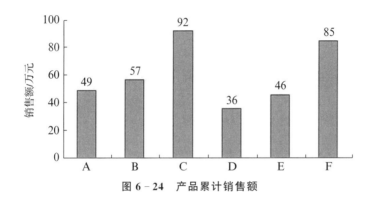

图 6 - 24　产品累计销售额

以上销售分析图形,无须单独制作,只要输入准确的经营数据,系统就会自动产生。

二、成本分析

成本分析从以下两个方面着手,一是通过计算各项费用占销售的比例,揭示成本与收入的关系;二是通过成本变化趋势,发现企业经营过程中存在的问题。

企业成本由多项费用支出构成,了解各费用支出项在总体成本中所占的比例,分析成本结构,从比例较高的费用支出项入手,分析费用发生的原因,提出控制费用的有效方法。费用比例的计算公式为:

$$费用比例 = 费用 \div 销售收入 \times 100\%$$

如果将各费用项相加,再与销售收入相比,则可以计算出总费用占销售收入的比例,如果超过 1,说明支出大于收入,企业亏损,并可以直观地了解亏损的程度。

费用比例分析包括经常性费用比例分析和全成本比例分析,在系统中分别于两个页面处通过柱状图展示。

(一) 经常性费用比例分析

经常性费用包括直接成本、广告费、经营费、管理费、折旧和利息费用,这些费用项目是经营过程中每个时期必不可少的费用支出项目。系统中所展示的经营费用是根据下式计算出来的:

$$经营费用＝设备维修费＋场地租金＋转产费＋其他费用$$

(二) 全成本比例分析

该分析指标包括产品开发和软资产投入（市场开发、ISO 认证投入）等阶段性的成本支出项目。

三、杜邦分析

各项财务指标是有其内在联系的,杜邦分析将企业的各项指标有机地联系起来,通过综合分析发现问题,如图 6-25 所示。

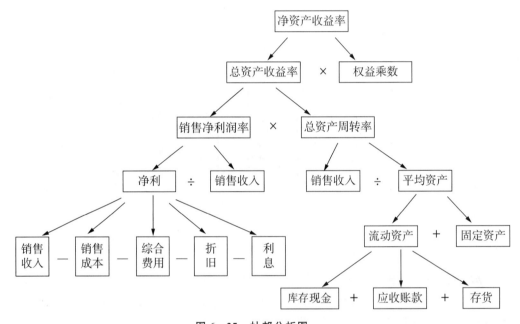

图 6-25 杜邦分析图

从图 6-25 中可以看出,净资产收益率是综合性最强的财务分析指标,是杜邦分析系统的核心内容。该指标值越高,说明投资带来的收益越高,所以净资产收益率也是投资人最关心的指标之一。

杜邦分析法就是将净资产收益率分解为三部分进行分析的方法,这三部分分别为:销售净利润率、总资产周转率和权益乘数。其中,销售净利润率,表示企业的盈利能力;总资产周转率,表示企业的营运能力;权益乘数,表示企业的资本结构。净资产收益率的计算公式为:

$$净资产收益率＝销售净利润率×总资产周转率×权益乘数$$

四、财务分析

财务分析从收益力、成长力、安定力、活动力四个方面提供各企业的分析数据。

（一）收益力

收益力是表示企业是否具有盈利的能力。收益力从以下四个指标入手进行定量分析，分别是毛利率、销售利润率、总资产收益率和净资产收益率。

1. 毛利率

毛利率是经常使用的一个指标，其计算公式为：

$$毛利率＝（销售收入－直接成本）÷销售收入×100\%$$

理论上讲，毛利率说明了每1元销售收入所产生的利润。更进一步思考，毛利率是获利的初步指标，代表了两层含义：其一，对具体产品而言，毛利率代表某种产品的盈利能力；其二，从整个企业层面上讲，根据利润表计算的毛利率代表了企业产品线的盈利能力。

2. 销售利润率

销售利润率是毛利率的延伸，是毛利减掉三项费用后的剩余。其计算公式为：

$$销售利润率＝营业利润÷主营业务收入×100\%$$

该指标代表了主营业务的实际利润，反映企业主业经营的有效性。在毛利率一样的情况下，两个企业的最终的销售利润率可能仍然不同，主要原因就是三项费用的不同。

3. 总资产收益率

总资产收益率是反映企业资产的盈利能力的指标，它包含了财务杠杆的概念，计算公式为：

$$总资产收益率＝息税前利润÷资产合计×100\%$$

4. 净资产收益率

净资产收益率反映投资者投入资金的最终获利能力，它的计算公式为：

$$净资产收益率＝净利润÷所有者权益合计×100\%$$

【举例】

A、B两公司总资产收益率相同，息税前利润均为20万元，总资产100万元，所得税税率为25%。但A公司负债70万元，所有者权益为30万元，负债年利率为10%；B公司负债30万元，所有者权益为70万元，负债年利率为10%。因此，A公司获得的净利润为：利润－负债利息－所得税＝20－7－5＝8（万元）；净资产收益率＝净利润÷所有者权益×100%＝8÷30×100%＝26.67%，即：股东每投入100元，能获得26.67元的净利润。

而B公司，虽然负债年利率小，可以获得净利润12万元，但因所有者权益为70万元，净资产收益率只有17.14%，即股东每投100元，只能得到17.14元的净利润。

（二）成长力

成长力表示企业是否具有成长的潜力，即持续盈利能力。成长力指标由三个反映企业经营成果增长变化的指标组成，分别是销售收入成长率、利润成长率和净资产成长率。

1. 销售收入成长率

这是衡量主营业务收入增长的比率指标，以衡量经营业绩的提高程度，该指标值越高，表示经营业绩越好。其计算公式为：

6

$$销售收入成长率＝(本期销售收入－上期销售收入)÷上期销售收入×100\%$$

2. 利润成长率

这是衡量利润增长的比率指标,以衡量经营效果的提高程度,该指标值越高,表示经营效果越好。其计算公式为:

$$利润成长率＝[本期(利息前)利润－上期(利息前)利润]÷上期(利息前)利润×100\%$$

3. 净资产成长率

这是衡量净资产增长的比率指标,以衡量股东权益提高的程度。对于投资者来说,这个指标是非常重要的,它反映了净资产的增长速度,其计算公式为:

$$净资产成长率＝(本期净资产－上期净资产)÷上年净资产×100\%$$

(三) 安定力

这是衡量企业财务状况是否稳定,是否会有财务危机的指标,它由以下四个指标构成,分别是流动比率、速动比率、固定资产长期适配率和资产负债率。

1. 流动比率

流动比率的计算公式为:

$$流动比率＝流动资产÷流动负债$$

这个指标体现了企业偿还短期债务的能力。流动资产越多,短期债务越少,则流动比率越大,企业的短期偿债能力越强。一般情况下,运营周期、流动资产中的应收账款数额和存货的周转速度是影响流动比率的主要因素。

2. 速动比率

速动比率比流动比率更能体现企业的短期债务的偿还能力。其计算公式为:

$$速动比率＝速动资产÷流动负债＝(流动资产－存货－待摊费用)÷流动负债$$

从公式中可以看出,在流动资产中,仍包括变现速度较慢且可能已贬值的存货,因此在计算速动比率时,将流动资产扣除存货后再与流动负债对比,以更准确地衡量企业的短期偿债能力。若速动比率低于1,一般表示企业短期偿债能力偏低。影响速动比率的可信度的重要因素是应收账款的变现能力,账面上的应收账款不一定都能变现,可能会成为坏账。

3. 固定资产长期适配率

固定资产长期适配率的计算公式为:

$$固定资产长期适配率＝固定资产÷(长期负债＋所有者权益)$$

这个指标应该小于1,表明企业应该使用还债压力较小的长期贷款和股东权益购建固定资产。因为,固定资产建设周期长,且固化的资产不能马上变现,如果用短期贷款来购建固定资产,由于短期内不能实现产品的销售而回笼现金,势必会造成还款压力。

4. 资产负债率

这是反映债权人提供的资本占全部资本的比例的指标,该指标也被称为负债经营比率。其计算公式为：

$$资产负债率=负债÷资产×100\%$$

负债比率越大，企业面临的财务风险越高，获取利润的能力也越强。如果企业资金不足，日常依靠负债维持，导致资产负债率特别高，就应该特别注意偿债风险了。资产负债率在60%～70%比较合理稳健，达到85%及以上时，应视为发出预警信号，应引起企业足够的重视。

资产负债率指标不是绝对指标，需要根据企业本身的条件和市场情况判定。

(四) 活动力

活动力是从企业资产的管理能力方面对企业的经营业绩进行评价的指标，其主要包括四个比率指标，分别是应收账款周转率(周转次数)、存货周转率、固定资产周转率和总资产周转率。

(1) 应收账款周转率(周转次数)。应收账款周转率是在指定的分析期间内，应收账款转为现金的平均次数。其计算公式为：

$$应收账款周转率(周转次数)=当期赊销净额÷当期平均应收账款$$
$$=当期赊销净额÷[(期初应收账款+期末应收账款)÷2]$$

应收账款周转率越高，说明其现金收回速度越快；反之，说明营运资金过多停滞在应收账款上，这会影响企业的正常资金周转及偿债能力。

由于赊销的数据无法从利润表中取得，而无法进行对比，所以我们一般取销售净额的数据进行分析，该指标值越高越好。周转率可以以年为单位计算，也可以按季、月、周计算。

(2) 存货周转率。这是反映存货周转快慢的指标，它的计算公式为：

$$存货周转率=当期销售成本÷当期平均存货$$
$$=当期销售成本÷[(期初存货余额+期末存货余额)÷2]$$

从指标本身来说，销售成本越高，说明因为销售而转出的产品越多，销售情况越好。这个指标可以反映企业内部采购、库存、生产、销售的衔接程度。若各环节衔接得好，则原材料适合生产的需要，没有过量的采购，产成品(商品)适合销售的需要，没有积压。

(3) 固定资产周转率。固定资产周转率的计算公式为：

$$固定资产周转率=当期销售净额÷当期平均固定资产$$
$$=当期销售净额÷[(期初固定资产余额+期末固定资产余额)÷2]$$

这项指标代表固定资产占用的资金参与了几次经营周转，用以评价固定资产的利用效率，即产能是否得到充分发挥。

(4) 总资产周转率。总资产周转率指标用于衡量企业运用资产赚取利润的能力。其经常和反映盈利能力的指标一起使用，用以全面评价企业的盈利能力。其计算公式为：

$$总资产周转率=当期销售收入÷当期平均总资产$$
$$=销售收入÷[(期初资产总额+期末资产总额)÷2]$$

6

该项指标反映了总资产的周转速度,周转越快,说明销售能力越强。企业可以采用薄利多销的方法,加速资产周转,从而带来利润绝对额的增加。

人均利润＝当期利润总额÷当期平均职工人数

＝当期利润总额÷[(期初职工人数＋期末职工人数)÷2]

人均销售收入＝当期销售净额÷当期平均职工人数

＝当期销售净额÷[(期初职工人数＋期末职工人数)÷2]

【工作任务一——查看销售分析图】

在主界面点击"销售分析"按钮,进入如图6-26所示的页面。

在系统中,销售分析内容呈两页分布。在页面中,可找到"下页"箭标,点击进入下一页面。

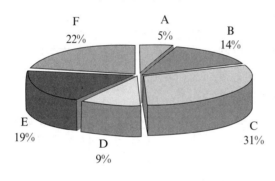

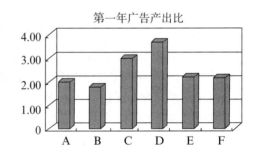

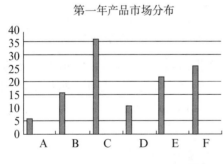

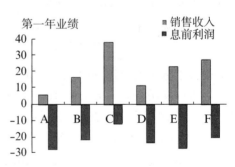

图6-26 销售分析

【工作任务二——查看成本分析图】

在主界面点击"成本分析"按钮,即可进入经常性费用占销售比例分析页面,如图6-27所示。

在经常性费用占销售比例分析页面点击右箭头图标,即可打开综合费用占销售比例分析页面,如图6-28所示。

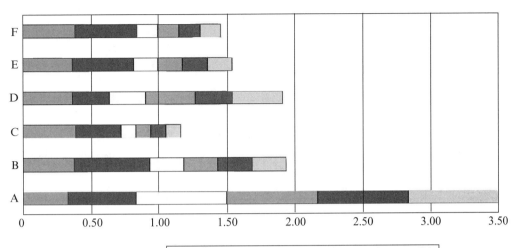

图 6-27 经常性费用占销售比例分析

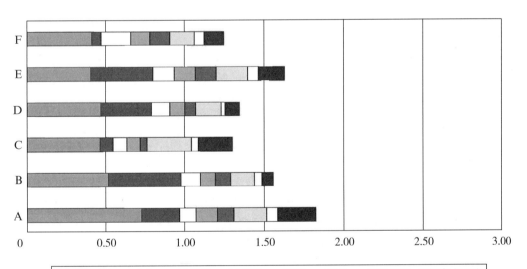

图 6-28 综合费用占销售比例分析

【工作任务三——查看杜邦分析图】

在分析工具主界面,单击"杜邦分析"按钮,进入图 6-25 所示杜邦分析界面。

【工作任务四——查看财务分析图】

在分析工具主界面中,单击"财务分析"按钮,进入财务分析界面,如图 6-29 所示。

6

当报表数据录入完成后,财务分析的各项指标自动生成。

单击右上角的右箭头,可查看下一年度的数据。

单击菱形按钮,返回分析工具主界面。

指标类	指标	第二年					➡
		A	B	C	D	E	F
收益力	毛利率	53.85%	61.90%	57.14%	55.56%	60.00%	60.00%
	利润率	-26.92%	-66.67%	-35.71%	-72.22%	-160.00%	-190.00%
	总资产收益率	-4.55%	-11.88%	-6.78%	-11.34%	-21.15%	-17.86%
	净资产收益率	-10.00%	-29.27%	-21.05%	-29.73%	-91.67%	-62.50%
成长力	收入成长率	-18.75%	-12.50%	460.00%	12.50%	36.36%	-33.33%
	利润成长率	-16.67%	-75.00%	33.33%		-60.00%	5.00%
	净资产成长率	-12.28%	-25.45%	-20.83%	-26.00%	-50.00%	-44.19%
安定力	流动比率	2.00	2.00	1.35	2.00	2.00	2.40
	速动比率	2.00	2.00	1.15	2.00	2.00	0.70
	固定资产长期适配率	0.33	0.42	0.82	0.54	0.34	0.56
	资产负债率	0.55	0.59	0.68	0.62	0.77	0.71
活动力	应收账款周转率		2.63			1.43	
	存货周转率	0.77	0.41	0.92	0.35	0.30	0.14
	固定资产周转率	0.18	0.12	0.14	0.10	0.10	0.07
	总资产周转率	0.25	0.21	0.27	0.19	0.16	0.12

图 6 - 29 财务分析

赛题链接

第十一届"用友新道杯"全国职业院校沙盘模拟经营大赛某省总决赛规则(高职组)
企业运营流程中的部分规则

企业运营流程建议按照运营流程表中列示的流程执行,比赛期间不做经营还原。每年经营结束后,各参赛队需要在系统中填制资产负债表。如果不填,则视同报表错误一次并扣分,但不影响经营。此次比赛不需要交纸质报表给裁判核对。

注:数值为0时,必须填写阿拉伯数字"0"。不填写数字,系统也视同填报错误。

【项目小结】

本分析工具含两部分功能:一是 Excel 电子表格操作,二是统计分析。Excel 电子表格操作包括安装运行、数据安全、信息录入、成果展示和订单报表查询等功能的操作;统计分析部分包括销售分析、成本分析、杜邦分析、财务分析四种常用的分析手段的学习。

本项目的核心内容是统计分析,通过四种常用的统计分析方法的学习,引导学生掌握统计分析的概念与应用,着重对学生统计分析能力进行培养。统计,指将信息统括起来进行计算,它是对数据进行定量处理的理论与技术,通过统计数据,能够更集中、更系统、更清楚地反映客观实际,便于人们阅读、理解和利用。而统计分析则是统计工作中最关键的一步,是为决策者提供信息咨询和监督服务的重要方式。

统计分析方法很多,企业实践中最基本、最常用的分析方法主要是销售分析、成本分析、杜邦分析和财务分析。通过销售分析,企业可以对当前的销售业绩进行评价,找出实际销售额与计划销售额之间的差距,分析原因,并以此为基础制订企业未来的销售计划。通过成本分析,有利于企业正确认识、掌握和运用成本变动的规律,实现降低成本的目标;有助于进行成本控制,正确评价成本计划完成情况,还可为制订成本计划、经营决策提供重要依据,指明成本管理工作的努力方向。通过杜邦分析,企业可以将净资产收益率逐级分解为多项财务比率的乘积,有助于企业管理层更加清晰地看到影响权益资本收益率的决定性因素,以及销售净利润率与总资产周转率、债务比率之间的相互关联,给管理层提供了一张考察公司资产管理效率和股东投资回报是否最大化的明晰的路线图。通过财务分析,企业可以对过去和现在有关筹资活动、投资活动、经营活动、分配活动的盈利能力、营运能力、偿债能力和增长能力的状况进行分析与评价,有利于管理者了解企业过去,评价企业现状,预测企业未来,为作出正确决策提供准确的信息和依据。

【项目训练】

在分析工具主界面,分别进行销售分析、成本分析、杜邦分析和财务分析。

6

项目七　延　展　学　习

教学目标

◆ 知识目标

认识其他种类沙盘。

◆ 技能目标

引入沙盘进入经管类专业学习。

◆ 素养目标

1. 通过延展学习,了解离散型企业的运营全过程,能更好地将所学的理论知识融会贯通,提升实践技能,更快地适应社会的要求。

2. 弘扬以改革创新为核心的时代精神。

 知识导图

```
                                    ┌── 新道项目管理沙盘
延展学习 ──── 认知其他沙盘 ──┤── 新道先天特征沙盘
                                    └── 新道信任沟通沙盘
```

引导案例

数字沙盘是基于投影机、控制主机、音响、三维动画(三维影片)、沙盘模型、投影幕、触摸屏等多个硬、软件设备结合而成的,其外观可制作成弧幕、直幕、折幕(沉浸式沙盘)、3Dmapping沙盘等,主打科技感。

数字沙盘的特点有:

1. 直观的展示效果

数字沙盘的展示效果非常直观清晰,丰富的动态演示效果能让观众一目了然地了解项目情况,快速获取信息。

2. 显示内容丰富，灵活多变

数字沙盘展现内容丰富多样，灵活多变，其通过协调控制设备来显示丰富的内容，操作方便，而且可以充分显示各个细节。

3. 功能操作简单快捷

数字沙盘可以进行互动，可以让参观者参与进来，与中控系统完成对接之后，用户可以直接通过平板进行操作。

4. 立体感强

数字沙盘本身就是立体感强的展项，再加上当下流行的声光电，数字沙盘可直接与大屏幕连接，更是让人有身临其境之感。

5. 大量采用科技技术

数字沙盘中的技术有多媒体展示技术、声光电技术、投影技术、三维动画技术、融合拼接技术、互动技术、中央控制技术等。

6. 展示手段先进

数字沙盘大量运用高科技展示手法，集声、光、电、互动项目、三维动画、影视等现代视觉效果之大成，融入趣味性、互动性与知识性，寓展于乐，实现了与观众的"互动革命"。

7. 自动化技术

数字沙盘设有中央控制系统，包括总体控制，厅内照明、灯饰、计算机、电视机、操作台以及空调等强弱电系统，按照预先编制的运行程序自动运行，从开启电源到关闭电源，都不需要人为控制。

以上这些特点，让数字沙盘成为了一种高效的多媒体现场展示方式，通过声、光、电、影的高效应用，结合现代多媒体的交互展示技术，通过视觉、听觉、触觉的实时反馈，给予现场观众全方位、立体化的现场体验。对于现场演示、项目讲解、多点定位展示来说，数字沙盘是一种很高效的赋能工具和载体。

案例思考

科技会不断进步，人的思想也要不断进步，荀子的《劝学》中提到："登高而招，臂非加长也，而见者远；顺风而呼，声非加疾也，而闻者彰。假舆马者，非利足也，而致千里；假舟楫者，非能水也，而绝江河。君子生非异也，善假于物也。"俗话说："工欲善其事，必先利其器。"随着时代的进步发展，各种工具都能带给我们极大的便利，我们应与时俱进，善于运用新工具和新载体。

S+Cloud
数智沙盘

7

任　务　认知其他沙盘

一、新道项目管理沙盘

新道项目管理沙盘是指借用直观的沙盘教具让项目负责人与项目的主要参与者在项

供应链管理
沙盘课程
介绍

目执行过程中提升人才开发、沟通管理、准确决策等能力,以求更好地理解项目运作流程的沙盘模拟形式,如图 7-1 所示。由于现代项目管理更趋向于覆盖从建设到投产到营销的全过程,因此我们需要突破传统的项目管理概念,通过模拟管理和经营的全流程,来拓宽项目管理视角,增强以市场为导向的项目决策意识。新道项目管理沙盘模拟提供了一个非常逼真的模拟环境,提高项目组成员投入程度,让学员提前进入项目状态。参与者通过对项目经营的盘点与总结,反思决策成败,解析得失,梳理管理思路,调整自身误区,并通过多次改进练习,切实提高综合管理素质。

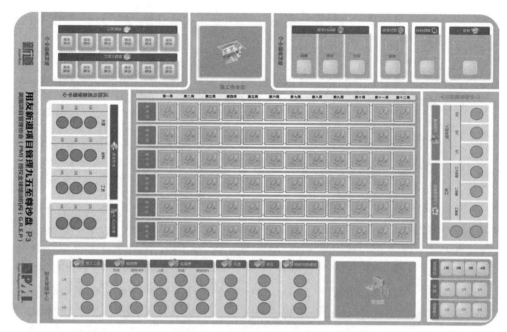

图 7-1 新道项目管理沙盘

二、新道先天特质沙盘

新道先天特质沙盘是基于心智模式理论,面向高职院校学生或企业提供的实用性素质训练课程,如图 7-2 所示。新道先天特质沙盘通过认知自我、规划职业生涯以及沟通艺术等内容的学习,训练当代大学生各项创业、就业素质,是一门集知识性、科学性、趣味性于一体的互动式、体验式的实训课程。

三、新道信任沟通课程

新道信任沟通课程通过录像演示,生动地展开一个个真实企业销售过程中的故事,经过实战动作分解、关键环节演练,使学生将高端理论与案例实战相结合,在情境中学习销售的沟通技巧。

新道信任沟通课程的录像视频中,销售员杨飞与客户蓝科公司、销售新手小周与客户飞达科贸的销售拜访过程,全程展现了客户的采购过程和各销售人员的销售沟通过

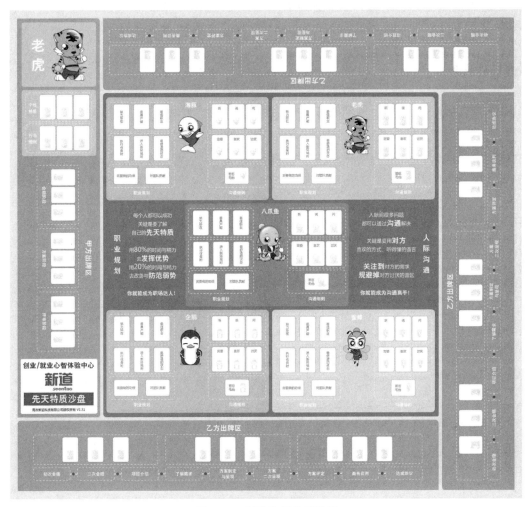

图 7 - 2 新道先天特质沙盘

程,以当事人的视角全景展现了真实的销售拜访情境,深入浅出地阐述深奥的心理学原理。

信任沟通课程主要是在局势分析和策略制定之后,就如何在客户拜访中了解客户的真实想法、与客户达成共识、获得客户行动承诺的销售拜访技巧类课程。"信任五环"主要是指拜访过程中的"拜访准备、了解概念、呈现优势、获得承诺、拜访评估"等五个关键环节。这五环,环环相扣,步步紧逼,不仅深入诠释了以"客户为中心"的营销理念,全面总结了"关注客户思维"的销售技巧,更是对人性的一种思考。

【项目小结】

沙盘具有立体感强、形象直观、制作简便、经济实用等特点,最初主要供指挥员研究地形和作战方案以及演练战术使用。现在沙盘应用于更多的领域中,如项目管理、情境介绍、模拟游戏等,而在心理治疗和检测方面,沙盘被广泛地应用于发现并解决心理方面的问题,被治疗者或被检测者可根据其设置的沙盘内的情景,反映自身的心理状态。

【项目训练】

请思考,引入沙盘能如何帮助我们更好地学习本专业的知识。

附　录

附录一　规　则　快　查　表

一、企业背景

市场环境：供过于求。

材料种类：R1、R2、R3、R4。

产品种类：P1、P2、P3、P4。

生产线种类：手工线、半自动线、自动线、柔性线。

厂房种类：大厂房、小厂房(购/租厂房上限4个)。

市场种类：本地、区域、国内、亚洲、国际。

二、教学分组

每组5名组员,分工如下：

(1) 总经理。

(2) 财务总监。

(3) 营销总监。

(4) 采购总监。

(5) 生产总监。

三、企业运营流程

企业运营流程须按照学员手册——经营记录表中列示的流程严格执行。总经理按照经营记录表中指示的顺序发布执行指令,每项任务完成后,总经理须在对应的方格中打钩(详见附录二)。

每年经营结束后,每组须提交综合管理费用明细表、利润表和资产负债表。

四、教学规则

1. 生产线(附表 1-1)

附表 1-1　生产线

生产线	购置费/W(万元)	安装周期/Q(期)	生产周期/Q(期)	维修费/(万元/年)	残值/W(万元)	转产周期/Q(期)	转产费/W(万元)	分值/分
手工线	5	无	3	1	2	无	无	5
半自动线	8	1	2	1	2	1	2	7
自动线	15	3	1	2	3	1	2	9
柔性线	20	4	1	2	4	无	无	10

【说明】

(1) 无论何时出售生产线,从生产线净值中取出相当于残值的部分计入现金,净值与残值之差计入损失。

(2) 只有空闲的生产线方可转产。

(3) 已建成的生产线每年都要交维修费。

2. 折旧(平均年限法)(附表 1-2)

附表 1-2　生产线折旧　　　　　单位:W(万元)

生产线	购置费/W(万元)	残值	建成第1年	建成第2年	建成第3年	建成第4年	建成第5年
手工线	5	2	0	1	1	1	0
半自动线	8	2	0	2	2	2	0
自动线	15	3	0	3	3	3	3
柔性线	20	4	0	4	4	4	4

【说明】

(1) 当生产线净值等于残值时,生产线不再计提折旧,但可以继续使用。

(2) 生产线建成第1年(当年)不计提折旧。

3. 厂房(附表 1-3)

附表 1-3　厂房情况

厂房	购买价格/W(万元)	出售价格/W(万元)	容量/条	购买上限/个	分值/分
大厂房	40	40	6	1	10
小厂房	30	30	4	1	7

【说明】

(1) 购买厂房可以在任何季度进行。

(2) 如需新建生产线,则厂房须有空闲空间。

(3) 厂房合计购买上限为 2。

(4) 厂房不能出售。

4. 融资(附表 1-4)

附表 1-4 融资方式

贷款类型	贷款时间	贷款额度	年息	还款方式
长期贷款	每年度初	所有贷款不超过上一年所有者权益的 3 倍,不低于 10 W(万元)	10%	年初付息,到期还本
短期贷款	每季度初	所有贷款不超过上一年所有者权益的 3 倍,不低于 20 W(万元)	5%	到期一次还本付息
资金贴现	任何时间	视应收款额	1:7	变现贴息

【说明】

(1) 长期贷款期限为 1～5 年,短期贷款期限为 4 个季度(1 年)。

(2) 长期贷款借入当年不付息,第 2 年年初开始,每年按年利率支付利息,到期还本时,支付最后 1 年利息。

(3) 短期贷款到期时,一次性还本付息。

(4) 长期贷款和短期贷款均不可提前还款。

(5) 在有应收款时,企业可以随时贴现,金额只能是 7 的倍数,不论应收款期限长短,每贴现 7 W(万元)需支付 1 W(万元)的贴现费。

5. 市场准入(附表 1-5)

附表 1-5 市场准入情况

市场	开发费用/W(万元)	时间/年	分值/分
本地	开放	无	无
区域	1(1 万元/年×1 年)	1	5
国内	2(1 万元/年×2 年)	2	8
亚洲	3(1 万元/年×3 年)	3	9
国际	4(1 万元/年×4 年)	4	10

【说明】

市场开拓,只能在每年第 4 季度进行操作。

8

6.产品研发(附表1-6)

附表1-6 产品研发

产品	开发费用/W(万元)	开发周期/季	加工费/(万元/个)	直接成本/(万元/个)	产品组成	分值/分
P1	已研发	无	无	2	R1	无
P2	3(1万元/季×3季)	3	1	3	R1+R2	8
P3	4(1万元/季×4季)	4	1	4	2R2+R3	9
P4	5(1万元/季×5季)	5	1	5	R2+R3+2R4	10

7.ISO认证(附表1-7)

附表1-7 ISO认证

市场	开发费用/W(万元)	时间/年	分值/分
ISO9000	2(1万元/年×2年)	2	8
ISO14000	3(1万元/年×3年)	3	10

【说明】

ISO认证,只能在每年第4季度操作。

8.原材料(附表1-8)

附表1-8 原材料

名称	购买价格/(万元/个)	提前期/季
R1	1	1
R2	1	1
R3	1	2
R4	1	2

9.选单规则

按当年本市场本产品广告额投放大小的顺序依次选单;如果两组企业本市场本产品广告投放额相同,则看当年本市场广告投放总额;如果当年本市场广告总额也相同,则看上年该市场销售排名;如仍相同,先投放广告者先选单。

【说明】

(1)每组每轮只能先选择1张订单,待所有投放广告组完成第一轮选单后,若还有订单,该市场该产品广告投放额大于等于3W(万元)的小组将获得第二轮选单机会,选单顺序和第一轮相同;第二轮选单完成后,该市场该产品广告投放额大于等于5W(万元)的组将获得第三轮选单机会,选单顺序和第一轮相同;依此类推。

(2) 在某细分市场(如本地区域的 P1 市场)有多次选单机会,只要放弃一次,则视同放弃该细分市场的所有选单机会。

10. 取整规则

(1) 违约金扣除——四舍五入取整数。

(2) 扣税——四舍五入取整数。

(3) 贷款利息——四舍五入取整数。

11. 重要参数

(1) 违约金比例:25%。

(2) 管理费:1 W(万元)。

(3) 初始现金:50 W(万元)。

(4) 所得税税率:25%。

请注意:

每个市场不同产品选单时,第一个组选单时间为 75 秒,自第二个组起,选单时间设为 60 秒。

12. 破产处理

当某组权益为负(指当年结束运营生成资产负债表时,所有者权益为负)或现金断流时(即现金为负数,但权益和现金可以为零),企业破产。

破产后,教师可通过注资等方式使其继续参与模拟经营实训。

13. 教学排名

教学结果根据参加教学各组第 6 年运营结束后的最终所有者权益进行评判,分数高者优胜。

如果出现最终权益相等的情况,则参照各组第 6 年运营结束后的最终盘面计算盘面加分值,加分值高的小组排名在前。排行榜只限于排名用,不计入最终权益值。如果加分值仍相等,则比较第 6 年的净利润,利润高者排名靠前,如果还相等,则先完成第 6 年经营的组排名在前。计分方式如下所示:

总成绩=所有者权益×(1+企业综合发展潜力÷100)

企业综合发展潜力=市场资格分值+ISO 资格分值+生产资格分值+

厂房分值+各条生产线分值

生产线建成(包括转产)即加分,无须生产出产品,也可以没有在制品;厂房必须是购买的。

14. 关于摆盘和巡盘

教学过程中使用实物沙盘摆盘,只需要摆出当年的结束状态,不需要中间过程。本次摆盘要求摆出生产线(含在制品)、生产线净值、在建工程、库存现金、应收款(包括金额与账期)、原材料库存、产成品库存、各种生产资格、厂房、原材料订单、各类费用。年末由老师统一发令,可观看其他组的盘面,不得向其他组询问摆盘信息之外的其他信息。巡盘期间至少留 1 人在本组。

附录二　学员手册

规划会议(教学年)

一、经营目标与计划制订(附表 2-1)

附表 2-1　经营目标与计划制订

目标	描述	执行计划
企业总体		
市场占有		
产品销售		
产品生产		
原料采购		
固定投资		
财务指标		

二、岗位分工与个人绩效

    1. 本岗位工作重点：＿＿＿＿＿＿＿＿＿＿＿＿＿＿＿＿＿＿＿＿＿

    ＿＿＿＿＿＿＿＿＿＿＿＿＿＿＿＿＿＿＿＿＿＿＿＿＿＿＿＿＿＿＿

    2. 与团队成员配合：＿＿＿＿＿＿＿＿＿＿＿＿＿＿＿＿＿＿＿＿＿＿

    ＿＿＿＿＿＿＿＿＿＿＿＿＿＿＿＿＿＿＿＿＿＿＿＿＿＿＿＿＿＿＿

    3. 计划完成的业绩：＿＿＿＿＿＿＿＿＿＿＿＿＿＿＿＿＿＿＿＿＿＿

三、准备学习与掌握的重点

    1. ＿＿＿＿＿＿＿＿＿＿＿＿＿＿＿＿＿＿＿＿＿＿＿＿＿＿＿＿＿＿

    2. ＿＿＿＿＿＿＿＿＿＿＿＿＿＿＿＿＿＿＿＿＿＿＿＿＿＿＿＿＿＿

教学年的总经理运营表、财务总监运营表、采购总监运营表、订单登记表、生产总监运营表、产品核算统计表、营销总监运营表、综合管理费用明细表、利润表、资产负债表,分别如附表 2-2—附表 2-11 所示。

附表 2-2　总经理运营表(教学年)

操作顺序	企业经营流程	每执行完一项操作,CEO 请在相应的方格内打勾		
	手工操作流程	手工记录		
年初	新年度规划会议			
	广告投放			
	参加订货会选订单/登记订单			
	支付应付税(25%)			
	支付长贷利息			
	更新长期贷款/长期贷款还款			
	申请长期贷款			
1	季初盘点(请填余额)			
2	更新短期贷款/短期贷款还本付息			
3	申请短期贷款			
4	原材料入库/更新原料订单			
5	下原料订单			
6	购买/租用——厂房			
7	更新生产/完工入库			
8	新建/在建/转产/变卖——生产线			
9	紧急采购(随时进行)			
10	开始下一批生产			
11	更新应收款/应收款收现			
12	按订单交货			
13	产品研发投资			
14	厂房——出售(买转租)/退租/租转买			
15	新市场开拓/ISO 资格投资			
16	支付管理费/更新厂房租金			
17	出售库存			
18	厂房贴现			
19	应收款贴现			
20	季末收入合计			
21	季末支出合计			
22	季末数额对账[(1)+(20)-(21)]			
年末	缴纳违约订单罚款(25%)			
	支付设备维护费			
	计提折旧		( )	
	新市场/ISO 资格换证			
	结账			

附表 2-3　财务总监运营表(教学年)

操作顺序	企业经营流程	每执行完一项操作,CEO 请在相应的方格内打勾			
	手工操作流程			手工记录	
年初	新年度规划会议				
	广告投放				
	参加订货会选订单/登记订单				
	支付应付税(25%)				
	支付长贷利息				
	更新长期贷款/长期贷款还款				
	申请长期贷款				
1	季初盘点(请填余额)				
2	更新短期贷款/短期贷款还本付息				
3	申请短期贷款				
4	原材料入库/更新原料订单				
5	下原料订单				
6	购买/租用——厂房				
7	更新生产/完工入库				
8	新建/在建/转产/变卖——生产线				
9	紧急采购(随时进行)				
10	开始下一批生产				
11	更新应收款/应收款收现				
12	按订单交货				
13	产品研发投资				
14	厂房——出售(买转租)/退租/租转买				
15	新市场开拓/ISO 资格投资				
16	支付管理费/更新厂房租金				
17	出售库存				
18	厂房贴现				
19	应收款贴现				
20	季末收入合计				
21	季末支出合计				
22	季末数额对账[(1)+(20)-(21)]				
年末	缴纳违约订单罚款(25%)				
	支付设备维护费				
	计提折旧				(　)
	新市场/ISO 资格换证				
	结账				

8

附表 2－4　采购总监运营表(教学年)

顺序	任务清单	一季度 生产要素(R)			二季度 生产要素(R)			三季度 生产要素(R)			四季度 生产要素(R)		
1	季初(　)盘点数量												
2	原料入库/更新原料订单												
3	下原料订单												
4	更新生产/完工入库												
5	开始下一批生产												
6	按订单交货												
7	本季(　)入库合计												
8	本季(　)出库合计												
9	季末(　)库存数量												

附表 2－5　订单登记表(教学年)

订单号									合计
市场									
产品									
数量									
账期									
销售额									
成本									
毛利									
未售									

附表 2－6　生产总监运营表(教学年)

顺序	任务清单	一季度 生产要素(P)			二季度 生产要素(P)			三季度 生产要素(P)			四季度 生产要素(P)		
1	季初(　)盘点数量												
2	原料入库/更新原料订单												

顺序	任务清单	一季度 生产要素(P)		二季度 生产要素(P)		三季度 生产要素(P)		四季度 生产要素(P)	
3	下原料订单								
4	更新生产/完工入库								
5	开始下一批生产								
6	按订单交货								
7	本季( )入库合计								
8	本季( )出库合计								
9	季末( )库存数量								

附表 2 - 7 产品核算统计表(教学年)

项目	P1	P2	P3	P4	合计
数量					
销售额					
成本					
毛利					

附表 2 - 8 营销总监运营表(教学年)

顺序	任务清单	一季度 生产要素(P)		二季度 生产要素(P)		三季度 生产要素(P)		四季度 生产要素(P)	
1	季初( )盘点数量								
2	原料入库/更新原料订单								
3	下原料订单								
4	更新生产/完工入库								
5	开始下一批生产								
6	按订单交货								
7	本季( )入库合计								
8	本季( )出库合计								
9	季末( )库存数量								

附表 2 - 9 综合管理费用明细表(教学年) 　　　单位：W(万元)

项　目	金　额	备　注
管理费		
广告费		
保养费		
租　金		
转产费		
市场准入开拓		□区域　□国内　□亚洲　□国际
ISO 资格认证		□ISO9000　　□ISO14000
产品研发		P2(　　)　P3(　　)　P4(　　)
其　他		
合　计		

附表 2 - 10 利润表(教学年) 　　　单位：W(万元)

项　目	上　年　数	本　年　数
销售收入	35	
直接成本	12	
毛利	23	
综合费用	11	
折旧前利润	12	
折旧	5	
支付利息前利润	7	
财务收入/支出	4	
其他收入/支出		
税前利润	3	
所得税	1	
净利润	2	

8

附表 2-11　资产负债表(教学年)　　　　单位：W(万元)

资　　产	期初数	期末数	负债和所有者权益	期初数	期末数
流动资产：			负债：		
库存现金	20		长期负债	40	
应收款	15		短期负债		
在制品	8		应付账款		
成品	6		应交税费	1	
原料	3		一年内到期的长期负债		
流动资产合计	52		负债合计	41	
固定资产：			所有者权益：		
土地和建筑	40		股东资本	50	
机器与设备	13		利润留存	12	
在建工程			年度净利	2	
固定资产合计	53		所有者权益合计	64	
资产总计	105		负债和所有者权益总计	105	

经营总结(教学年)

一、企业目标实现情况分析(附表 2-12)

附表 2-12　企业目标实现情况分析

目标	实现情况	原因及分析
企业总体		
市场占有		
产品销售		
产品生产		
原料采购		
固定投资		
财务指标		

二、公司管理与运营效率分析

　　1. 个人能力发挥：＿＿＿＿＿＿＿＿＿＿＿＿＿＿＿＿＿＿＿＿

　　＿＿＿＿＿＿＿＿＿＿＿＿＿＿＿＿＿＿＿＿＿＿＿＿＿＿＿＿＿

　　2. 团队协作情况：＿＿＿＿＿＿＿＿＿＿＿＿＿＿＿＿＿＿＿＿

　　＿＿＿＿＿＿＿＿＿＿＿＿＿＿＿＿＿＿＿＿＿＿＿＿＿＿＿＿＿

　　3. 制度流程执行：＿＿＿＿＿＿＿＿＿＿＿＿＿＿＿＿＿＿＿＿

　　＿＿＿＿＿＿＿＿＿＿＿＿＿＿＿＿＿＿＿＿＿＿＿＿＿＿＿＿＿

三、学习体会与知识要点掌握

　　1. ＿＿＿＿＿＿＿＿＿＿＿＿＿＿＿＿＿＿＿＿＿＿＿＿＿＿＿

　　2. ＿＿＿＿＿＿＿＿＿＿＿＿＿＿＿＿＿＿＿＿＿＿＿＿＿＿＿

规 划 会 议（第 一 年）

一、经营目标与计划制订（附表 2 - 13）

附表 2 - 13　经营目标与计划制订

目标	描述	执行计划
企业总体		
市场占有		
产品销售		
产品生产		
原料采购		
固定投资		
财务指标		

二、岗位分工与个人绩效

　　1. 本岗位工作重点：＿＿＿＿＿＿＿＿＿＿＿＿＿＿＿＿＿＿＿

　　＿＿＿＿＿＿＿＿＿＿＿＿＿＿＿＿＿＿＿＿＿＿＿＿＿＿＿＿＿

　　2. 与团队成员配合：＿＿＿＿＿＿＿＿＿＿＿＿＿＿＿＿＿＿＿

　　＿＿＿＿＿＿＿＿＿＿＿＿＿＿＿＿＿＿＿＿＿＿＿＿＿＿＿＿＿

　　3. 计划完成的业绩：＿＿＿＿＿＿＿＿＿＿＿＿＿＿＿＿＿＿＿

　　＿＿＿＿＿＿＿＿＿＿＿＿＿＿＿＿＿＿＿＿＿＿＿＿＿＿＿＿＿

三、准备学习与掌握的重点

　　1. ＿＿＿＿＿＿＿＿＿＿＿＿＿＿＿＿＿＿＿＿＿＿＿＿＿＿＿

　　2. ＿＿＿＿＿＿＿＿＿＿＿＿＿＿＿＿＿＿＿＿＿＿＿＿＿＿＿

第一年的总经理运营表、财务总监运营表、采购总监运营表、订单登记表、生产总监运营表、产品核算统计表、营销总监运营表、综合管理费用明细表、利润表、资产负债表,分别如附表2-14—附表2-23所示。

附表 2-14　总经理运营表(第一年)

操作顺序	企业经营流程	每执行完一项操作,CEO请在相应的方格内打勾		
	手工操作流程		手工记录	
年初	新年度规划会议			
	广告投放			
	参加订货会选订单/登记订单			
	支付应付税(25%)			
	支付长贷利息			
	更新长期贷款/长期贷款还款			
	申请长期贷款			
1	季初盘点(请填余额)			
2	更新短期贷款/短期贷款还本付息			
3	申请短期贷款			
4	原材料入库/更新原料订单			
5	下原料订单			
6	购买/租用——厂房			
7	更新生产/完工入库			
8	新建/在建/转产/变卖——生产线			
9	紧急采购(随时进行)			
10	开始下一批生产			
11	更新应收款/应收款收现			
12	按订单交货			
13	产品研发投资			
14	厂房——出售(买转租)/退租/租转买			
15	新市场开拓/ISO资格投资			
16	支付管理费/更新厂房租金			
17	出售库存			
18	厂房贴现			
19	应收款贴现			
20	季末收入合计			
21	季末支出合计			
22	季末数额对账[(1)+(20)-(21)]			
年末	缴纳违约订单罚款(25%)			
	支付设备维护费			
	计提折旧			(　　)
	新市场/ISO资格换证			
	结账			

8

附表 2－15　财务总监运营表(第一年)

操作顺序	企业经营流程	每执行完一项操作,CEO请在相应的方格内打勾		
	手工操作流程	手工记录		
年初	新年度规划会议			
	广告投放			
	参加订货会选订单/登记订单			
	支付应付税(25%)			
	支付长贷利息			
	更新长期贷款/长期贷款还款			
	申请长期贷款			
1	季初盘点(请填余额)			
2	更新短期贷款/短期贷款还本付息			
3	申请短期贷款			
4	原材料入库/更新原料订单			
5	下原料订单			
6	购买/租用——厂房			
7	更新生产/完工入库			
8	新建/在建/转产/变卖——生产线			
9	紧急采购(随时进行)			
10	开始下一批生产			
11	更新应收款/应收款收现			
12	按订单交货			
13	产品研发投资			
14	厂房——出售(买转租)/退租/租转买			
15	新市场开拓/ISO资格投资			
16	支付管理费/更新厂房租金			
17	出售库存			
18	厂房贴现			
19	应收款贴现			
20	季末收入合计			
21	季末支出合计			
22	季末数额对账[(1)+(20)-(21)]			
年末	缴纳违约订单罚款(25%)			
	支付设备维护费			
	计提折旧			( )
	新市场/ISO资格换证			
	结账			

附表 2-16　采购总监运营表(第一年)

顺序	任务清单	一季度 生产要素(R)			二季度 生产要素(R)			三季度 生产要素(R)			四季度 生产要素(R)		
1	季初( )盘点数量												
2	原料入库/更新原料订单												
3	下原料订单												
4	更新生产/完工入库												
5	开始下一批生产												
6	按订单交货												
7	本季( )入库合计												
8	本季( )出库合计												
9	季末( )库存数量												

附表 2-17　订单登记表(第一年)

订单号								合计
市场								
产品								
数量								
账期								
销售额								
成本								
毛利								
未售								

附表 2-18　生产总监运营表(第一年)

顺序	任务清单	一季度 生产要素(P)			二季度 生产要素(P)			三季度 生产要素(P)			四季度 生产要素(P)		
1	季初( )盘点数量												
2	原料入库/更新原料订单												

顺序	任务清单	一季度 生产要素(P)		二季度 生产要素(P)		三季度 生产要素(P)		四季度 生产要素(P)	
3	下原料订单								
4	更新生产/完工入库								
5	开始下一批生产								
6	按订单交货								
7	本季( )入库合计								
8	本季( )出库合计								
9	季末( )库存数量								

附表 2–19　产品核算统计表(第一年)

项目	P1	P2	P3	P4	合计
数量					
销售额					
成本					
毛利					

附表 2–20　营销总监运营表(第一年)

顺序	任务清单	一季度 生产要素(P)		二季度 生产要素(P)		三季度 生产要素(P)		四季度 生产要素(P)	
1	季初( )盘点数量								
2	原料入库/更新原料订单								
3	下原料订单								
4	更新生产/完工入库								
5	开始下一批生产								
6	按订单交货								
7	本季( )入库合计								
8	本季( )出库合计								
9	季末( )库存数量								

附表 2 - 21　综合管理费用明细表(第一年)　　　单位：W(万元)

项　目	金　额	备　注
管理费		
广告费		
保养费		
租　金		
转产费		
市场准入开拓		□区域　□国内　□亚洲　□国际
ISO 资格认证		□ISO9000　　□ISO14000
产品研发		P2(　)　P3(　)　P4(　)
其　他		
合　计		

附表 2 - 22　利润表(第一年)　　　单位：W(万元)

项　目	上　年　数	本　年　数
销售收入		
直接成本		
毛利		
综合费用		
折旧前利润		
折旧		
支付利息前利润		
财务收入/支出		
其他收入/支出		
税前利润		
所得税		
净利润		

附表 2-23　资产负债表(第一年)　　　单位：W(万元)

资　　产	期初数	期末数	负债和所有者权益	期初数	期末数
流动资产：			负债：		
库存现金			长期负债		
应收款			短期负债		
在制品			应付账款		
成品			应交税费		
原料			一年内到期的长期负债		
流动资产合计			负债合计		
固定资产：			所有者权益：		
土地和建筑			股东资本		
机器与设备			利润留存		
在建工程			年度净利		
固定资产合计			所有者权益合计		
资产总计			负债和所有者权益总计		

经营总结(第一年)

一、企业目标实现情况分析(附表 2-24)

附表 2-24　企业目标实现情况分析

目标	实现情况	原因及分析
企业总体		
市场占有		
产品销售		
产品生产		
原料采购		
固定投资		
财务指标		

二、公司管理与运营效率分析

　　1. 个人能力发挥：＿＿＿＿＿＿＿＿＿＿＿＿＿＿＿＿＿＿＿＿＿

　　＿＿＿＿＿＿＿＿＿＿＿＿＿＿＿＿＿＿＿＿＿＿＿＿＿＿＿＿＿＿＿

　　2. 团队协作情况：＿＿＿＿＿＿＿＿＿＿＿＿＿＿＿＿＿＿＿＿＿

　　＿＿＿＿＿＿＿＿＿＿＿＿＿＿＿＿＿＿＿＿＿＿＿＿＿＿＿＿＿＿＿

　　3. 制度流程执行：＿＿＿＿＿＿＿＿＿＿＿＿＿＿＿＿＿＿＿＿＿

　　＿＿＿＿＿＿＿＿＿＿＿＿＿＿＿＿＿＿＿＿＿＿＿＿＿＿＿＿＿＿＿

三、学习体会与知识要点掌握

　　1. ＿＿＿＿＿＿＿＿＿＿＿＿＿＿＿＿＿＿＿＿＿＿＿＿＿＿＿＿

　　2. ＿＿＿＿＿＿＿＿＿＿＿＿＿＿＿＿＿＿＿＿＿＿＿＿＿＿＿＿

规 划 会 议 (第 二 年)

一、经营目标与计划制订(附表 2 – 25)

附表 2 – 25　经营目标与计划制订

目标	描述	执行计划
企业总体		
市场占有		
产品销售		
产品生产		
原料采购		
固定投资		
财务指标		

二、岗位分工与个人绩效

　　1. 本岗位工作重点：＿＿＿＿＿＿＿＿＿＿＿＿＿＿＿＿＿＿＿＿

　　＿＿＿＿＿＿＿＿＿＿＿＿＿＿＿＿＿＿＿＿＿＿＿＿＿＿＿＿＿＿＿

　　2. 与团队成员配合：＿＿＿＿＿＿＿＿＿＿＿＿＿＿＿＿＿＿＿＿

　　＿＿＿＿＿＿＿＿＿＿＿＿＿＿＿＿＿＿＿＿＿＿＿＿＿＿＿＿＿＿＿

　　3. 计划完成的业绩：＿＿＿＿＿＿＿＿＿＿＿＿＿＿＿＿＿＿＿＿

　　＿＿＿＿＿＿＿＿＿＿＿＿＿＿＿＿＿＿＿＿＿＿＿＿＿＿＿＿＿＿＿

三、准备学习与掌握的重点

　　1. ＿＿＿＿＿＿＿＿＿＿＿＿＿＿＿＿＿＿＿＿＿＿＿＿＿＿＿＿

　　2. ＿＿＿＿＿＿＿＿＿＿＿＿＿＿＿＿＿＿＿＿＿＿＿＿＿＿＿＿

第二年的总经理运营表、财务总监运营表、采购总监运营表、订单登记表、生产总监运营表、产品核算统计表、营销总监运营表、综合管理费用明细表、利润表、资产负债表,分别如附表 2－26—附表 2－35 所示。

附表 2－26 总经理运营表(第二年)

操作顺序	企业经营流程	每执行完一项操作,CEO 请在相应的方格内打勾		
	手工操作流程	手工记录		
年初	新年度规划会议			
	广告投放			
	参加订货会选订单/登记订单			
	支付应付税(25%)			
	支付长贷利息			
	更新长期贷款/长期贷款还款			
	申请长期贷款			
1	季初盘点(请填余额)			
2	更新短期贷款/短期贷款还本付息			
3	申请短期贷款			
4	原材料入库/更新原料订单			
5	下原料订单			
6	购买/租用——厂房			
7	更新生产/完工入库			
8	新建/在建/转产/变卖——生产线			
9	紧急采购(随时进行)			
10	开始下一批生产			
11	更新应收款/应收款收现			
12	按订单交货			
13	产品研发投资			
14	厂房——出售(买转租)/退租/租转买			
15	新市场开拓/ISO 资格投资			
16	支付管理费/更新厂房租金			
17	出售库存			
18	厂房贴现			
19	应收款贴现			
20	季末收入合计			
21	季末支出合计			
22	季末数额对账[(1)+(20)-(21)]			
年末	缴纳违约订单罚款(25%)			
	支付设备维护费			
	计提折旧			( )
	新市场/ISO 资格换证			
	结账			

8

附表 2-27　财务总监运营表(第二年)

操作顺序	企业经营流程	每执行完一项操作,CEO 请在相应的方格内打勾			
		手工操作流程		手工记录	
年初	新年度规划会议				
	广告投放				
	参加订货会选订单/登记订单				
	支付应付税(25%)				
	支付长贷利息				
	更新长期贷款/长期贷款还款				
	申请长期贷款				
1	季初盘点(请填余额)				
2	更新短期贷款/短期贷款还本付息				
3	申请短期贷款				
4	原材料入库/更新原料订单				
5	下原料订单				
6	购买/租用——厂房				
7	更新生产/完工入库				
8	新建/在建/转产/变卖——生产线				
9	紧急采购(随时进行)				
10	开始下一批生产				
11	更新应收款/应收款收现				
12	按订单交货				
13	产品研发投资				
14	厂房——出售(买转租)/退租/租转买				
15	新市场开拓/ISO 资格投资				
16	支付管理费/更新厂房租金				
17	出售库存				
18	厂房贴现				
19	应收款贴现				
20	季末收入合计				
21	季末支出合计				
22	季末数额对账[(1)+(20)-(21)]				
年末	缴纳违约订单罚款(25%)				
	支付设备维护费				
	计提折旧				( )
	新市场/ISO 资格换证				
	结账				

8

附表 2－28 采购总监运营表(第二年)

顺序	任务清单	一季度 生产要素(R)		二季度 生产要素(R)		三季度 生产要素(R)		四季度 生产要素(R)	
1	季初( )盘点数量								
2	原料入库/更新原料订单								
3	下原料订单								
4	更新生产/完工入库								
5	开始下一批生产								
6	按订单交货								
7	本季( )入库合计								
8	本季( )出库合计								
9	季末( )库存数量								

附表 2－29 订单登记表(第二年)

									合计
订单号									
市场									
产品									
数量									
账期									
销售额									
成本									
毛利									
未售									

附表 2－30 生产总监运营表(第二年)

顺序	任务清单	一季度 生产要素(P)		二季度 生产要素(P)		三季度 生产要素(P)		四季度 生产要素(P)	
1	季初( )盘点数量								
2	原料入库/更新原料订单								

8

顺序	任务清单	一季度 生产要素(P)			二季度 生产要素(P)			三季度 生产要素(P)			四季度 生产要素(P)		
3	下原料订单												
4	更新生产/完工入库												
5	开始下一批生产												
6	按订单交货												
7	本季（　）入库合计												
8	本季（　）出库合计												
9	季末（　）库存数量												

附表 2–31　产品核算统计表（第二年）

项目	P1	P2	P3	P4	合计
数量					
销售额					
成本					
毛利					

附表 2–32　营销总监运营表（第二年）

顺序	任务清单	一季度 生产要素(P)			二季度 生产要素(P)			三季度 生产要素(P)			四季度 生产要素(P)		
1	季初（　）盘点数量												
2	原料入库/更新原料订单												
3	下原料订单												
4	更新生产/完工入库												
5	开始下一批生产												
6	按订单交货												
7	本季（　）入库合计												
8	本季（　）出库合计												
9	季末（　）库存数量												

附表 2-33 综合管理费用明细表(第二年)　　　单位:W(万元)

项　目	金　额	备　注
管理费		
广告费		
保养费		
租　金		
转产费		
市场准入开拓		□区域　□国内　□亚洲　□国际
ISO 资格认证		□ISO9000　　□ISO14000
产品研发		P2(　　)　P3(　　)　P4(　　)
其　他		
合　计		

附表 2-34 利润表(第二年)　　　单位:W(万元)

项　目	上　年　数	本　年　数
销售收入		
直接成本		
毛利		
综合费用		
折旧前利润		
折旧		
支付利息前利润		
财务收入/支出		
其他收入/支出		
税前利润		
所得税		
净利润		

8

附表 2－35　资产负债表(第二年)　　　单位：W(万元)

资　　　产	期初数	期末数	负债和所有者权益	期初数	期末数
流动资产：			负债：		
库存现金			长期负债		
应收款			短期负债		
在制品			应付账款		
成品			应交税费		
原料			一年内到期的长期负债		
流动资产合计			负债合计		
固定资产：			所有者权益：		
土地和建筑			股东资本		
机器与设备			利润留存		
在建工程			年度净利		
固定资产合计			所有者权益合计		
资产总计			负债和所有者权益总计		

经 营 总 结 (第 二 年)

一、企业目标实现情况分析(附表 2－36)

附表 2－36　企业目标实现情况分析

目标	实现情况	原因及分析
企业总体		
市场占有		
产品销售		
产品生产		
原料采购		
固定投资		
财务指标		

8

二、公司管理与运营效率分析

1. 个人能力发挥：_____

_____

2. 团队协作情况：_____

_____

3. 制度流程执行：_____

_____

三、学习体会与知识要点掌握

1. _____

2. _____

规 划 会 议 (第 三 年)

一、经营目标与计划制订(附表 2 - 37)

附表 2 - 37　经营目标与计划制订

目标	描述	执行计划
企业总体		
市场占有		
产品销售		
产品生产		
原料采购		
固定投资		
财务指标		

二、岗位分工与个人绩效

1. 本岗位工作重点：_____

2. 与团队成员配合：_____

_____

3. 计划完成的业绩：_____

_____

三、准备学习与掌握的重点

1. _____

2. _____

8

第三年的总经理运营表、财务总监运营表、采购总监运营表、订单登记表、生产总监运营表、产品核算统计表、营销总监运营表、综合管理费用明细表、利润表、资产负债表,分别如附表2-38—附表2-47所示。

附表 2-38　总经理运营表(第三年)

操作顺序	企业经营流程	每执行完一项操作,CEO请在相应的方格内打勾		
	手工操作流程		手工记录	
年初	新年度规划会议			
	广告投放			
	参加订货会选订单/登记订单			
	支付应付税(25%)			
	支付长贷利息			
	更新长期贷款/长期贷款还款			
	申请长期贷款			
1	季初盘点(请填余额)			
2	更新短期贷款/短期贷款还本付息			
3	申请短期贷款			
4	原材料入库/更新原料订单			
5	下原料订单			
6	购买/租用——厂房			
7	更新生产/完工入库			
8	新建/在建/转产/变卖——生产线			
9	紧急采购(随时进行)			
10	开始下一批生产			
11	更新应收款/应收款收现			
12	按订单交货			
13	产品研发投资			
14	厂房——出售(买转租)/退租/租转买			
15	新市场开拓/ISO资格投资			
16	支付管理费/更新厂房租金			
17	出售库存			
18	厂房贴现			
19	应收款贴现			
20	季末收入合计			
21	季末支出合计			
22	季末数额对账[(1)+(20)-(21)]			
年末	缴纳违约订单罚款(25%)			
	支付设备维护费			
	计提折旧			( )
	新市场/ISO资格换证			
	结账			

8

附表 2-39 财务总监运营表(第三年)

操作顺序	企业经营流程	每执行完一项操作,CEO 请在相应的方格内打勾			
	手工操作流程	手工记录			
年初	新年度规划会议				
	广告投放				
	参加订货会选订单/登记订单				
	支付应付税(25%)				
	支付长贷利息				
	更新长期贷款/长期贷款还款				
	申请长期贷款				
1	季初盘点(请填余额)				
2	更新短期贷款/短期贷款还本付息				
3	申请短期贷款				
4	原材料入库/更新原料订单				
5	下原料订单				
6	购买/租用——厂房				
7	更新生产/完工入库				
8	新建/在建/转产/变卖——生产线				
9	紧急采购(随时进行)				
10	开始下一批生产				
11	更新应收款/应收款收现				
12	按订单交货				
13	产品研发投资				
14	厂房——出售(买转租)/退租/租转买				
15	新市场开拓/ISO 资格投资				
16	支付管理费/更新厂房租金				
17	出售库存				
18	厂房贴现				
19	应收款贴现				
20	季末收入合计				
21	季末支出合计				
22	季末数额对账[(1)+(20)-(21)]				
年末	缴纳违约订单罚款(25%)				
	支付设备维护费				
	计提折旧			( )	
	新市场/ISO 资格换证				
	结账				

8

附表 2－40　采购总监运营表(第三年)

顺序	任务清单	一季度 生产要素(R)			二季度 生产要素(R)			三季度 生产要素(R)			四季度 生产要素(R)		
1	季初( )盘点数量												
2	原料入库/更新原料订单												
3	下原料订单												
4	更新生产/完工入库												
5	开始下一批生产												
6	按订单交货												
7	本季( )入库合计												
8	本季( )出库合计												
9	季末( )库存数量												

附表 2－41　订单登记表(第三年)

订单号							合计
市场							
产品							
数量							
账期							
销售额							
成本							
毛利							
未售							

附表 2－42　生产总监运营表(第三年)

顺序	任务清单	一季度 生产要素(P)			二季度 生产要素(P)			三季度 生产要素(P)			四季度 生产要素(P)		
1	季初( )盘点数量												
2	原料入库/更新原料订单												

顺序	任务清单	一季度 生产要素(P)		二季度 生产要素(P)		三季度 生产要素(P)		四季度 生产要素(P)	
3	下原料订单								
4	更新生产/完工入库								
5	开始下一批生产								
6	按订单交货								
7	本季( )入库合计								
8	本季( )出库合计								
9	季末( )库存数量								

附表 2-43　产品核算统计表(第三年)

项目	P1	P2	P3	P4	合计
数量					
销售额					
成本					
毛利					

附表 2-44　营销总监运营表(第三年)

顺序	任务清单	一季度 生产要素(P)		二季度 生产要素(P)		三季度 生产要素(P)		四季度 生产要素(P)	
1	季初( )盘点数量								
2	原料入库/更新原料订单								
3	下原料订单								
4	更新生产/完工入库								
5	开始下一批生产								
6	按订单交货								
7	本季( )入库合计								
8	本季( )出库合计								
9	季末( )库存数量								

8

附表 2-45 综合管理费用明细表(第三年)   单位：W(万元)

项　目	金　额	备　注
管理费		
广告费		
保养费		
租　金		
转产费		
市场准入开拓		□区域　□国内　□亚洲　□国际
ISO 资格认证		□ISO9000　　□ISO14000
产品研发		P2(　　)　P3(　　)　P4(　　)
其　他		
合　计		

附表 2-46 利润表(第三年)   单位：W(万元)

项　目	上　年　数	本　年　数
销售收入		
直接成本		
毛利		
综合费用		
折旧前利润		
折旧		
支付利息前利润		
财务收入/支出		
其他收入/支出		
税前利润		
所得税		
净利润		

附表 2－47　资产负债表(第三年)　　　单位：W(万元)

资　　产	期初数	期末数	负债和所有者权益	期初数	期末数
流动资产：			负债：		
库存现金			长期负债		
应收款			短期负债		
在制品			应付账款		
成品			应交税费		
原料			一年内到期的长期负债		
流动资产合计			负债合计		
固定资产：			所有者权益：		
土地和建筑			股东资本		
机器与设备			利润留存		
在建工程			年度净利		
固定资产合计			所有者权益合计		
资产总计			负债和所有者权益总计		

经营总结(第三年)

一、企业目标实现情况分析(附表 2－48)

附表 2－48　企业目标实现情况分析

目标	实现情况	原因及分析
企业总体		
市场占有		
产品销售		
产品生产		
原料采购		
固定投资		
财务指标		

二、公司管理与运营效率分析

1. 个人能力发挥：_____

_____

2. 团队协作情况：_____

_____

3. 制度流程执行：_____

_____

三、学习体会与知识要点掌握

1. _____

2. _____

规 划 会 议 (第 四 年)

一、经营目标与计划制订(附表 2 - 49)

附表 2 - 49　经营目标与计划制订

目标	描述	执行计划
企业总体		
市场占有		
产品销售		
产品生产		
原料采购		
固定投资		
财务指标		

二、岗位分工与个人绩效

1. 本岗位工作重点：_____

_____

2. 与团队成员配合：_____

_____

3. 计划完成的业绩：_____

_____

三、准备学习与掌握的重点

1. _____

2. _____

第四年的总经理运营表、财务总监运营表、采购总监运营表、订单登记表、生产总监运营表、产品核算统计表、营销总监运营表、综合管理费用明细表、利润表、资产负债表,分别如附表 2-50—附表 2-59 所示。

附表 2-50 总经理运营表(第四年)

操作顺序	企业经营流程	每执行完一项操作,CEO 请在相应的方格内打勾		
	手工操作流程	手工记录		
年初	新年度规划会议			
	广告投放			
	参加订货会选单/登记订单			
	支付应付税(25%)			
	支付长贷利息			
	更新长期贷款/长期贷款还款			
	申请长期贷款			
1	季初盘点(请填余额)			
2	更新短期贷款/短期贷款还本付息			
3	申请短期贷款			
4	原材料入库/更新原料订单			
5	下原料订单			
6	购买/租用——厂房			
7	更新生产/完工入库			
8	新建/在建/转产/变卖——生产线			
9	紧急采购(随时进行)			
10	开始下一批生产			
11	更新应收款/应收款收现			
12	按订单交货			
13	产品研发投资			
14	厂房——出售(买转租)/退租/租转买			
15	新市场开拓/ISO 资格投资			
16	支付管理费/更新厂房租金			
17	出售库存			
18	厂房贴现			
19	应收款贴现			
20	季末收入合计			
21	季末支出合计			
22	季末数额对账[(1)+(20)-(21)]			
年末	缴纳违约订单罚款(25%)			
	支付设备维护费			
	计提折旧			( )
	新市场/ISO 资格换证			
	结账			

附表 2-51　财务总监运营表(第四年)

操作顺序	企业经营流程	每执行完一项操作,CEO 请在相应的方格内打勾			
	手工操作流程		手工记录		
年初	新年度规划会议				
	广告投放				
	参加订货会选订单/登记订单				
	支付应付税(25%)				
	支付长贷利息				
	更新长期贷款/长期贷款还款				
	申请长期贷款				
1	季初盘点(请填余额)				
2	更新短期贷款/短期贷款还本付息				
3	申请短期贷款				
4	原材料入库/更新原料订单				
5	下原料订单				
6	购买/租用——厂房				
7	更新生产/完工入库				
8	新建/在建/转产/变卖——生产线				
9	紧急采购(随时进行)				
10	开始下一批生产				
11	更新应收款/应收款收现				
12	按订单交货				
13	产品研发投资				
14	厂房——出售(买转租)/退租/租转买				
15	新市场开拓/ISO 资格投资				
16	支付管理费/更新厂房租金				
17	出售库存				
18	厂房贴现				
19	应收款贴现				
20	季末收入合计				
21	季末支出合计				
22	季末数额对账[(1)+(20)-(21)]				
年末	缴纳违约订单罚款(25%)				
	支付设备维护费				
	计提折旧				( )
	新市场/ISO 资格换证				
	结账				

附表 2-52 采购总监运营表(第四年)

顺序	任务清单	一季度 生产要素(R)			二季度 生产要素(R)			三季度 生产要素(R)			四季度 生产要素(R)		
1	季初( )盘点数量												
2	原料入库/更新原料订单												
3	下原料订单												
4	更新生产/完工入库												
5	开始下一批生产												
6	按订单交货												
7	本季( )入库合计												
8	本季( )出库合计												
9	季末( )库存数量												

附表 2-53 订单登记表(第四年)

订单号								合计
市场								
产品								
数量								
账期								
销售额								
成本								
毛利								
未售								

附表 2-54 生产总监运营表(第四年)

顺序	任务清单	一季度 生产要素(P)			二季度 生产要素(P)			三季度 生产要素(P)			四季度 生产要素(P)		
1	季初( )盘点数量												
2	原料入库/更新原料订单												

8

顺序	任务清单	一季度 生产要素(P)		二季度 生产要素(P)		三季度 生产要素(P)		四季度 生产要素(P)	
3	下原料订单								
4	更新生产/完工入库								
5	开始下一批生产								
6	按订单交货								
7	本季（　）入库合计								
8	本季（　）出库合计								
9	季末（　）库存数量								

附表 2－55　产品核算统计表(第四年)

项目	P1	P2	P3	P4	合计
数量					
销售额					
成本					
毛利					

附表 2－56　营销总监运营表(第四年)

顺序	任务清单	一季度 生产要素(P)		二季度 生产要素(P)		三季度 生产要素(P)		四季度 生产要素(P)	
1	季初（　）盘点数量								
2	原料入库/更新原料订单								
3	下原料订单								
4	更新生产/完工入库								
5	开始下一批生产								
6	按订单交货								
7	本季（　）入库合计								
8	本季（　）出库合计								
9	季末（　）库存数量								

附表 2-57　综合管理费用明细表(第四年)　　单位：W(万元)

项　目	金　额	备　注
管理费		
广告费		
保养费		
租　金		
转产费		
市场准入开拓		□区域　□国内　□亚洲　□国际
ISO 资格认证		□ISO9000　　　□ISO14000
产品研发		P2(　　)　P3(　　)　P4(　　)
其　他		
合　计		

附表 2-58　利润表(第四年)　　单位：W(万元)

项　目	上　年　数	本　年　数
销售收入		
直接成本		
毛利		
综合费用		
折旧前利润		
折旧		
支付利息前利润		
财务收入/支出		
其他收入/支出		
税前利润		
所得税		
净利润		

8

附表 2-59 资产负债表(第四年)　　　单位：W(万元)

资　　产	期初数	期末数	负债和所有者权益	期初数	期末数
流动资产：			负债：		
库存现金			长期负债		
应收款			短期负债		
在制品			应付账款		
成品			应交税费		
原料			一年内到期的长期负债		
流动资产合计			负债合计		
固定资产：			所有者权益：		
土地和建筑			股东资本		
机器与设备			利润留存		
在建工程			年度净利		
固定资产合计			所有者权益合计		
资产总计			负债和所有者权益总计		

经营总结(第四年)

一、企业目标实现情况分析(附表 2-60)

附表 2-60 企业目标实现情况分析

目标	实现情况	原因及分析
企业总体		
市场占有		
产品销售		
产品生产		
原料采购		
固定投资		
财务指标		

二、公司管理与运营效率分析

　　1. 个人能力发挥：_____

　　_____

　　2. 团队协作情况：_____

　　_____

　　3. 制度流程执行：_____

　　_____

三、学习体会与知识要点掌握

　　1. _____

　　2. _____

规 划 会 议 (第 五 年)

一、经营目标与计划制订(附表 2 - 61)

附表 2 - 61　经营目标与计划制订

目标	描述	执行计划
企业总体		
市场占有		
产品销售		
产品生产		
原料采购		
固定投资		
财务指标		

二、岗位分工与个人绩效

　　1. 本岗位工作重点：_____

　　_____

　　2. 与团队成员配合：_____

　　_____

　　3. 计划完成的业绩：_____

　　_____

三、准备学习与掌握的重点

　　1. _____

　　2. _____

8

第五年的总经理运营表、财务总监运营表、采购总监运营表、订单登记表、生产总监运营表、产品核算统计表、营销总监运营表、综合管理费用明细表、利润表、资产负债表,分别如附表 2-62—附表 2-71 所示。

附表 2-62 总经理运营表(第五年)

操作顺序	企业经营流程	每执行完一项操作,CEO 请在相应的方格内打勾		
	手工操作流程	手工记录		
年初	新年度规划会议			
	广告投放			
	参加订货会选订单/登记订单			
	支付应付税(25%)			
	支付长贷利息			
	更新长期贷款/长期贷款还款			
	申请长期贷款			
1	季初盘点(请填余额)			
2	更新短期贷款/短期贷款还本付息			
3	申请短期贷款			
4	原材料入库/更新原料订单			
5	下原料订单			
6	购买/租用——厂房			
7	更新生产/完工入库			
8	新建/在建/转产/变卖——生产线			
9	紧急采购(随时进行)			
10	开始下一批生产			
11	更新应收款/应收款收现			
12	按订单交货			
13	产品研发投资			
14	厂房——出售(买转租)/退租/租转买			
15	新市场开拓/ISO 资格投资			
16	支付管理费/更新厂房租金			
17	出售库存			
18	厂房贴现			
19	应收款贴现			
20	季末收入合计			
21	季末支出合计			
22	季末数额对账[(1)+(20)-(21)]			
年末	缴纳违约订单罚款(25%)			
	支付设备维护费			
	计提折旧			( )
	新市场/ISO 资格换证			
	结账			

附表 2-63 财务总监运营表(第五年)

操作顺序	企业经营流程	每执行完一项操作,CEO 请在相应的方格内打勾		
	手工操作流程	手工记录		
年初	新年度规划会议			
	广告投放			
	参加订货会选订单/登记订单			
	支付应付税(25%)			
	支付长贷利息			
	更新长期贷款/长期贷款还款			
	申请长期贷款			
1	季初盘点(请填余额)			
2	更新短期贷款/短期贷款还本付息			
3	申请短期贷款			
4	原材料入库/更新原料订单			
5	下原料订单			
6	购买/租用——厂房			
7	更新生产/完工入库			
8	新建/在建/转产/变卖——生产线			
9	紧急采购(随时进行)			
10	开始下一批生产			
11	更新应收款/应收款收现			
12	按订单交货			
13	产品研发投资			
14	厂房——出售(买转租)/退租/租转买			
15	新市场开拓/ISO 资格投资			
16	支付管理费/更新厂房租金			
17	出售库存			
18	厂房贴现			
19	应收款贴现			
20	季末收入合计			
21	季末支出合计			
22	季末数额对账[(1)+(20)-(21)]			
年末	缴纳违约订单罚款(25%)			
	支付设备维护费			
	计提折旧			( )
	新市场/ISO 资格换证			
	结账			

8

附表 2-64　采购总监运营表(第五年)

顺序	任务清单	一季度 生产要素(R)			二季度 生产要素(R)			三季度 生产要素(R)			四季度 生产要素(R)		
1	季初( )盘点数量												
2	原料入库/更新原料订单												
3	下原料订单												
4	更新生产/完工入库												
5	开始下一批生产												
6	按订单交货												
7	本季( )入库合计												
8	本季( )出库合计												
9	季末( )库存数量												

附表 2-65　订单登记表(第五年)

订单号									合计
市场									
产品									
数量									
账期									
销售额									
成本									
毛利									
未售									

附表 2-66　生产总监运营表(第五年)

顺序	任务清单	一季度 生产要素(P)			二季度 生产要素(P)			三季度 生产要素(P)			四季度 生产要素(P)		
1	季初( )盘点数量												
2	原料入库/更新原料订单												

续　表

顺序	任务清单	一季度 生产要素(P)				二季度 生产要素(P)				三季度 生产要素(P)				四季度 生产要素(P)			
3	下原料订单																
4	更新生产/完工入库																
5	开始下一批生产																
6	按订单交货																
7	本季( )入库合计																
8	本季( )出库合计																
9	季末( )库存数量																

附表 2-67　产品核算统计表(第五年)

项目	P1	P2	P3	P4	合计
数量					
销售额					
成本					
毛利					

附表 2-68　营销总监运营表(第五年)

顺序	任务清单	一季度 生产要素(P)				二季度 生产要素(P)				三季度 生产要素(P)				四季度 生产要素(P)			
1	季初( )盘点数量																
2	原料入库/更新原料订单																
3	下原料订单																
4	更新生产/完工入库																
5	开始下一批生产																
6	按订单交货																
7	本季( )入库合计																
8	本季( )出库合计																
9	季末( )库存数量																

附表 2-69　综合管理费用明细表(第五年)　　　单位：W(万元)

项　　目	金　　额	备　　注
管理费		
广告费		
保养费		
租　金		
转产费		
市场准入开拓		□区域　□国内　□亚洲　□国际
ISO 资格认证		□ISO9000　　□ISO14000
产品研发		P2(　　) P3(　　) P4(　　)
其　他		
合　计		

附表 2-70　利润表(第五年)　　　单位：W(万元)

项　　目	上　年　数	本　年　数
销售收入		
直接成本		
毛利		
综合费用		
折旧前利润		
折旧		
支付利息前利润		
财务收入/支出		
其他收入/支出		
税前利润		
所得税		
净利润		

附表 2‑71　资产负债表(第五年)　　　　　单位：W(万元)

资　　产	期初数	期末数	负债和所有者权益	期初数	期末数
流动资产：			负债：		
库存现金			长期负债		
应收款			短期负债		
在制品			应付账款		
成品			应交税费		
原料			一年内到期的长期负债		
流动资产合计			负债合计		
固定资产：			所有者权益：		
土地和建筑			股东资本		
机器与设备			利润留存		
在建工程			年度净利		
固定资产合计			所有者权益合计		
资产总计			负债和所有者权益总计		

经营总结(第五年)

一、企业目标实现情况分析(附表 2‑72)

附表 2‑72　企业目标实现情况分析

目标	实现情况	原因及分析
企业总体		
市场占有		
产品销售		
产品生产		
原料采购		
固定投资		
财务指标		

二、公司管理与运营效率分析

　　1. 个人能力发挥：_____

　　_____

　　2. 团队协作情况：_____

　　_____

　　3. 制度流程执行：_____

　　_____

三、学习体会与知识要点掌握

　　1._____

　　2._____

规 划 会 议（第 六 年）

一、经营目标与计划制订（附表 2 - 73）

附表 2 - 73　经营目标与计划制订

目标	描述	执行计划
企业总体		
市场占有		
产品销售		
产品生产		
原料采购		
固定投资		
财务指标		

二、岗位分工与个人绩效

　　1. 本岗位工作重点：_____

　　_____

　　2. 与团队成员配合：_____

　　_____

　　3. 计划完成的业绩：_____

　　_____

三、准备学习与掌握的重点

　　1._____

　　2._____

第六年的总经理运营表、财务总监运营表、采购总监运营表、订单登记表、生产总监运营表、产品核算统计表、营销总监运营表、综合管理费用明细表、利润表、资产负债表,分别如附表 2-74—附表 2-83 所示。

附表 2-74 总经理运营表(第六年)

操作顺序	企业经营流程		每执行完一项操作,CEO 请在相应的方格内打勾		
	手工操作流程		手工记录		
年初	新年度规划会议				
	广告投放				
	参加订货会选订单/登记订单				
	支付应付税(25%)				
	支付长贷利息				
	更新长期贷款/长期贷款还款				
	申请长期贷款				
1	季初盘点(请填余额)				
2	更新短期贷款/短期贷款还本付息				
3	申请短期贷款				
4	原材料入库/更新原料订单				
5	下原料订单				
6	购买/租用——厂房				
7	更新生产/完工入库				
8	新建/在建/转产/变卖——生产线				
9	紧急采购(随时进行)				
10	开始下一批生产				
11	更新应收款/应收款收现				
12	按订单交货				
13	产品研发投资				
14	厂房——出售(买转租)/退租/租转买				
15	新市场开拓/ISO 资格投资				
16	支付管理费/更新厂房租金				
17	出售库存				
18	厂房贴现				
19	应收款贴现				
20	季末收入合计				
21	季末支出合计				
22	季末数额对账[(1)+(20)-(21)]				
年末	缴纳违约订单罚款(25%)				
	支付设备维护费				
	计提折旧			( )	
	新市场/ISO 资格换证				
	结账				

8

附表 2-75 财务总监运营表(第六年)

操作顺序	企业经营流程	每执行完一项操作,CEO 请在相应的方格内打勾		
	手工操作流程	手工记录		
年初	新年度规划会议			
	广告投放			
	参加订货会选订单/登记订单			
	支付应付税(25%)			
	支付长贷利息			
	更新长期贷款/长期贷款还款			
	申请长期贷款			
1	季初盘点(请填余额)			
2	更新短期贷款/短期贷款还本付息			
3	申请短期贷款			
4	原材料入库/更新原料订单			
5	下原料订单			
6	购买/租用——厂房			
7	更新生产/完工入库			
8	新建/在建/转产/变卖——生产线			
9	紧急采购(随时进行)			
10	开始下一批生产			
11	更新应收款/应收款收现			
12	按订单交货			
13	产品研发投资			
14	厂房——出售(买转租)/退租/租转买			
15	新市场开拓/ISO 资格投资			
16	支付管理费/更新厂房租金			
17	出售库存			
18	厂房贴现			
19	应收款贴现			
20	季末收入合计			
21	季末支出合计			
22	季末数额对账[(1)+(20)-(21)]			
年末	缴纳违约订单罚款(25%)			
	支付设备维护费			
	计提折旧			( )
	新市场/ISO 资格换证			
	结账			

8

附表 2-76 采购总监运营表(第六年)

顺序	任务清单	一季度 生产要素(R)		二季度 生产要素(R)		三季度 生产要素(R)		四季度 生产要素(R)	
1	季初( )盘点数量								
2	原料入库/更新原料订单								
3	下原料订单								
4	更新生产/完工入库								
5	开始下一批生产								
6	按订单交货								
7	本季( )入库合计								
8	本季( )出库合计								
9	季末( )库存数量								

附表 2-77 订单登记表(第六年)

订单号							合计
市场							
产品							
数量							
账期							
销售额							
成本							
毛利							
未售							

附表 2-78 生产总监运营表(第六年)

顺序	任务清单	一季度 生产要素(P)		二季度 生产要素(P)		三季度 生产要素(P)		四季度 生产要素(P)	
1	季初( )盘点数量								
2	原料入库/更新原料订单								

顺序	任务清单	一季度 生产要素(P)				二季度 生产要素(P)				三季度 生产要素(P)				四季度 生产要素(P)			
3	下原料订单																
4	更新生产/完工入库																
5	开始下一批生产																
6	按订单交货																
7	本季( )入库合计																
8	本季( )出库合计																
9	季末( )库存数量																

附表 2 - 79 产品核算统计表(第六年)

项目	P1	P2	P3	P4	合计
数量					
销售额					
成本					
毛利					

附表 2 - 80 营销总监运营表(第六年)

顺序	任务清单	一季度 生产要素(P)				二季度 生产要素(P)				三季度 生产要素(P)				四季度 生产要素(P)			
1	季初( )盘点数量																
2	原料入库/更新原料订单																
3	下原料订单																
4	更新生产/完工入库																
5	开始下一批生产																
6	按订单交货																
7	本季( )入库合计																
8	本季( )出库合计																
9	季末( )库存数量																

附表 2 - 81　综合管理费用明细表(第六年)　　单位：W(万元)

项　目	金　额	备　注
管理费		
广告费		
保养费		
租　金		
转产费		
市场准入开拓		□区域　□国内　□亚洲　□国际
ISO 资格认证		□ISO9000　　□ISO14000
产品研发		P2(　　)　P3(　　)　P4(　　)
其　他		
合　计		

附表 2 - 82　利润表(第六年)　　单位：W(万元)

项　目	上　年　数	本　年　数
销售收入		
直接成本		
毛利		
综合费用		
折旧前利润		
折旧		
支付利息前利润		
财务收入/支出		
其他收入/支出		
税前利润		
所得税		
净利润		

8

附表 2-83　资产负债表(第六年)　　　单位：W(万元)

资　　产	期初数	期末数	负债和所有者权益	期初数	期末数
流动资产：			负债：		
库存现金			长期负债		
应收款			短期负债		
在制品			应付账款		
成品			应交税费		
原料			一年内到期的长期负债		
流动资产合计			负债合计		
固定资产：			所有者权益：		
土地和建筑			股东资本		
机器与设备			利润留存		
在建工程			年度净利		
固定资产合计			所有者权益合计		
资产总计			负债和所有者权益总计		

经营总结(第六年)

一、企业目标实现情况分析(附表 2-84)

附表 2-84　企业目标实现情况分析

目标	实现情况	原因及分析
企业总体		
市场占有		
产品销售		
产品生产		
原料采购		
固定投资		
财务指标		

二、公司管理与运营效率分析

1. 个人能力发挥：_____

_____

2. 团队协作情况：_____

_____

3. 制度流程执行：_____

_____

三、学习体会与知识要点掌握

1. _____
2. _____

实 训 总 结

1. 本次实训过程中您印象最深的内容是什么？

_____

_____

_____

2. 通过本次实训，您学到了哪些知识？

_____

_____

_____

3. 如果有机会继续经营或重来，您会如何做？

_____

_____

_____

4. 您有什么感受和想法准备带到明天的学习中？

_____

_____

_____

8

5. 您认为做好企业经营管理的核心是什么？

_____

_____

_____

_____

广告登记表如附表 2-85—附表 2-92 所示。

附表 2-85 广告登记表

A A A A A A

第1年本地				第2年本地				第3年本地				第4年本地				第5年本地				第6年本地			
产品	广告	9K	14K	产品	广告	9K	14K	产品	广告	9K	14K	产品	广告	9K	14K	产品	广告	9K	14K	产品	广告	9K	14K
P1				P1				P1				P1				P1				P1			
P2				P2				P2				P2				P2				P2			
P3				P3				P3				P3				P3				P3			
P4				P4				P4				P4				P4				P4			

第1年区域				第2年区域				第3年区域				第4年区域				第5年区域				第6年区域			
产品	广告	9K	14K	产品	广告	9K	14K	产品	广告	9K	14K	产品	广告	9K	14K	产品	广告	9K	14K	产品	广告	9K	14K
P1				P1				P1				P1				P1				P1			
P2				P2				P2				P2				P2				P2			
P3				P3				P3				P3				P3				P3			
P4				P4				P4				P4				P4				P4			

第1年国内				第2年国内				第3年国内				第4年国内				第5年国内				第6年国内			
产品	广告	9K	14K	产品	广告	9K	14K	产品	广告	9K	14K	产品	广告	9K	14K	产品	广告	9K	14K	产品	广告	9K	14K
P1				P1				P1				P1				P1				P1			
P2				P2				P2				P2				P2				P2			
P3				P3				P3				P3				P3				P3			
P4				P4				P4				P4				P4				P4			

第1年亚洲				第2年亚洲				第3年亚洲				第4年亚洲				第5年亚洲				第6年亚洲			
产品	广告	9K	14K	产品	广告	9K	14K	产品	广告	9K	14K	产品	广告	9K	14K	产品	广告	9K	14K	产品	广告	9K	14K
P1				P1				P1				P1				P1				P1			
P2				P2				P2				P2				P2				P2			
P3				P3				P3				P3				P3				P3			
P4				P4				P4				P4				P4				P4			

第1年国际				第2年国际				第3年国际				第4年国际				第5年国际				第6年国际			
产品	广告	9K	14K	产品	广告	9K	14K	产品	广告	9K	14K	产品	广告	9K	14K	产品	广告	9K	14K	产品	广告	9K	14K
P1				P1				P1				P1				P1				P1			
P2				P2				P2				P2				P2				P2			
P3				P3				P3				P3				P3				P3			
P4				P4				P4				P4				P4				P4			

附表 2－86　广告登记表

	B				B				B				B				B				B		
第1年本地				第2年本地				第3年本地				第4年本地				第5年本地				第6年本地			
产品	广告	9K	14K	产品	广告	9K	14K	产品	广告	9K	14K	产品	广告	9K	14K	产品	广告	9K	14K	产品	广告	9K	14K
P1				P1				P1				P1				P1				P1			
P2				P2				P2				P2				P2				P2			
P3				P3				P3				P3				P3				P3			
P4				P4				P4				P4				P4				P4			
第1年区域				第2年区域				第3年区域				第4年区域				第5年区域				第6年区域			
产品	广告	9K	14K	产品	广告	9K	14K	产品	广告	9K	14K	产品	广告	9K	14K	产品	广告	9K	14K	产品	广告	9K	14K
P1				P1				P1				P1				P1				P1			
P2				P2				P2				P2				P2				P2			
P3				P3				P3				P3				P3				P3			
P4				P4				P4				P4				P4				P4			
第1年国内				第2年国内				第3年国内				第4年国内				第5年国内				第6年国内			
产品	广告	9K	14K	产品	广告	9K	14K	产品	广告	9K	14K	产品	广告	9K	14K	产品	广告	9K	14K	产品	广告	9K	14K
P1				P1				P1				P1				P1				P1			
P2				P2				P2				P2				P2				P2			
P3				P3				P3				P3				P3				P3			
P4				P4				P4				P4				P4				P4			
第1年亚洲				第2年亚洲				第3年亚洲				第4年亚洲				第5年亚洲				第6年亚洲			
产品	广告	9K	14K	产品	广告	9K	14K	产品	广告	9K	14K	产品	广告	9K	14K	产品	广告	9K	14K	产品	广告	9K	14K
P1				P1				P1				P1				P1				P1			
P2				P2				P2				P2				P2				P2			
P3				P3				P3				P3				P3				P3			
P4				P4				P4				P4				P4				P4			
第1年国际				第2年国际				第3年国际				第4年国际				第5年国际				第6年国际			
产品	广告	9K	14K	产品	广告	9K	14K	产品	广告	9K	14K	产品	广告	9K	14K	产品	广告	9K	14K	产品	广告	9K	14K
P1				P1				P1				P1				P1				P1			
P2				P2				P2				P2				P2				P2			
P3				P3				P3				P3				P3				P3			
P4				P4				P4				P4				P4				P4			

附表 2-87　广告登记表

C　　　　　C　　　　　C　　　　　C　　　　　C　　　　　C

第1年本地				第2年本地				第3年本地				第4年本地				第5年本地				第6年本地			
产品	广告	9K	14K	产品	广告	9K	14K	产品	广告	9K	14K	产品	广告	9K	14K	产品	广告	9K	14K	产品	广告	9K	14K
P1				P1				P1				P1				P1				P1			
P2				P2				P2				P2				P2				P2			
P3				P3				P3				P3				P3				P3			
P4				P4				P4				P4				P4				P4			

第1年区域				第2年区域				第3年区域				第4年区域				第5年区域				第6年区域			
产品	广告	9K	14K	产品	广告	9K	14K	产品	广告	9K	14K	产品	广告	9K	14K	产品	广告	9K	14K	产品	广告	9K	14K
P1				P1				P1				P1				P1				P1			
P2				P2				P2				P2				P2				P2			
P3				P3				P3				P3				P3				P3			
P4				P4				P4				P4				P4				P4			

第1年国内				第2年国内				第3年国内				第4年国内				第5年国内				第6年国内			
产品	广告	9K	14K	产品	广告	9K	14K	产品	广告	9K	14K	产品	广告	9K	14K	产品	广告	9K	14K	产品	广告	9K	14K
P1				P1				P1				P1				P1				P1			
P2				P2				P2				P2				P2				P2			
P3				P3				P3				P3				P3				P3			
P4				P4				P4				P4				P4				P4			

第1年亚洲				第2年亚洲				第3年亚洲				第4年亚洲				第5年亚洲				第6年亚洲			
产品	广告	9K	14K	产品	广告	9K	14K	产品	广告	9K	14K	产品	广告	9K	14K	产品	广告	9K	14K	产品	广告	9K	14K
P1				P1				P1				P1				P1				P1			
P2				P2				P2				P2				P2				P2			
P3				P3				P3				P3				P3				P3			
P4				P4				P4				P4				P4				P4			

第1年国际				第2年国际				第3年国际				第4年国际				第5年国际				第6年国际			
产品	广告	9K	14K	产品	广告	9K	14K	产品	广告	9K	14K	产品	广告	9K	14K	产品	广告	9K	14K	产品	广告	9K	14K
P1				P1				P1				P1				P1				P1			
P2				P2				P2				P2				P2				P2			
P3				P3				P3				P3				P3				P3			
P4				P4				P4				P4				P4				P4			

附表 2-88 广告登记表

D				D				D				D				D				D			
第1年本地				第2年本地				第3年本地				第4年本地				第5年本地				第6年本地			
产品	广告	9K	14K	产品	广告	9K	14K	产品	广告	9K	14K	产品	广告	9K	14K	产品	广告	9K	14K	产品	广告	9K	14K
P1				P1				P1				P1				P1				P1			
P2				P2				P2				P2				P2				P2			
P3				P3				P3				P3				P3				P3			
P4				P4				P4				P4				P4				P4			
第1年区域				第2年区域				第3年区域				第4年区域				第5年区域				第6年区域			
产品	广告	9K	14K	产品	广告	9K	14K	产品	广告	9K	14K	产品	广告	9K	14K	产品	广告	9K	14K	产品	广告	9K	14K
P1				P1				P1				P1				P1				P1			
P2				P2				P2				P2				P2				P2			
P3				P3				P3				P3				P3				P3			
P4				P4				P4				P4				P4				P4			
第1年国内				第2年国内				第3年国内				第4年国内				第5年国内				第6年国内			
产品	广告	9K	14K	产品	广告	9K	14K	产品	广告	9K	14K	产品	广告	9K	14K	产品	广告	9K	14K	产品	广告	9K	14K
P1				P1				P1				P1				P1				P1			
P2				P2				P2				P2				P2				P2			
P3				P3				P3				P3				P3				P3			
P4				P4				P4				P4				P4				P4			
第1年亚洲				第2年亚洲				第3年亚洲				第4年亚洲				第5年亚洲				第6年亚洲			
产品	广告	9K	14K	产品	广告	9K	14K	产品	广告	9K	14K	产品	广告	9K	14K	产品	广告	9K	14K	产品	广告	9K	14K
P1				P1				P1				P1				P1				P1			
P2				P2				P2				P2				P2				P2			
P3				P3				P3				P3				P3				P3			
P4				P4				P4				P4				P4				P4			
第1年国际				第2年国际				第3年国际				第4年国际				第5年国际				第6年国际			
产品	广告	9K	14K	产品	广告	9K	14K	产品	广告	9K	14K	产品	广告	9K	14K	产品	广告	9K	14K	产品	广告	9K	14K
P1				P1				P1				P1				P1				P1			
P2				P2				P2				P2				P2				P2			
P3				P3				P3				P3				P3				P3			
P4				P4				P4				P4				P4				P4			

8

附表 2-89　广告登记表

E				E				E				E				E				E			
第1年本地				第2年本地				第3年本地				第4年本地				第5年本地				第6年本地			
产品	广告	9K	14K	产品	广告	9K	14K	产品	广告	9K	14K	产品	广告	9K	14K	产品	广告	9K	14K	产品	广告	9K	14K
P1				P1				P1				P1				P1				P1			
P2				P2				P2				P2				P2				P2			
P3				P3				P3				P3				P3				P3			
P4				P4				P4				P4				P4				P4			
第1年区域				第2年区域				第3年区域				第4年区域				第5年区域				第6年区域			
产品	广告	9K	14K	产品	广告	9K	14K	产品	广告	9K	14K	产品	广告	9K	14K	产品	广告	9K	14K	产品	广告	9K	14K
P1				P1				P1				P1				P1				P1			
P2				P2				P2				P2				P2				P2			
P3				P3				P3				P3				P3				P3			
P4				P4				P4				P4				P4				P4			
第1年国内				第2年国内				第3年国内				第4年国内				第5年国内				第6年国内			
产品	广告	9K	14K	产品	广告	9K	14K	产品	广告	9K	14K	产品	广告	9K	14K	产品	广告	9K	14K	产品	广告	9K	14K
P1				P1				P1				P1				P1				P1			
P2				P2				P2				P2				P2				P2			
P3				P3				P3				P3				P3				P3			
P4				P4				P4				P4				P4				P4			
第1年亚洲				第2年亚洲				第3年亚洲				第4年亚洲				第5年亚洲				第6年亚洲			
产品	广告	9K	14K	产品	广告	9K	14K	产品	广告	9K	14K	产品	广告	9K	14K	产品	广告	9K	14K	产品	广告	9K	14K
P1				P1				P1				P1				P1				P1			
P2				P2				P2				P2				P2				P2			
P3				P3				P3				P3				P3				P3			
P4				P4				P4				P4				P4				P4			
第1年国际				第2年国际				第3年国际				第4年国际				第5年国际				第6年国际			
产品	广告	9K	14K	产品	广告	9K	14K	产品	广告	9K	14K	产品	广告	9K	14K	产品	广告	9K	14K	产品	广告	9K	14K
P1				P1				P1				P1				P1				P1			
P2				P2				P2				P2				P2				P2			
P3				P3				P3				P3				P3				P3			
P4				P4				P4				P4				P4				P4			

8

附表 2–90　广告登记表

F　　　　　F　　　　　F　　　　　F　　　　　F　　　　　F

第1年本地				第2年本地				第3年本地				第4年本地				第5年本地				第6年本地			
产品	广告	9K	14K	产品	广告	9K	14K	产品	广告	9K	14K	产品	广告	9K	14K	产品	广告	9K	14K	产品	广告	9K	14K
P1				P1				P1				P1				P1				P1			
P2				P2				P2				P2				P2				P2			
P3				P3				P3				P3				P3				P3			
P4				P4				P4				P4				P4				P4			

第1年区域				第2年区域				第3年区域				第4年区域				第5年区域				第6年区域			
产品	广告	9K	14K	产品	广告	9K	14K	产品	广告	9K	14K	产品	广告	9K	14K	产品	广告	9K	14K	产品	广告	9K	14K
P1				P1				P1				P1				P1				P1			
P2				P2				P2				P2				P2				P2			
P3				P3				P3				P3				P3				P3			
P4				P4				P4				P4				P4				P4			

第1年国内				第2年国内				第3年国内				第4年国内				第5年国内				第6年国内			
产品	广告	9K	14K	产品	广告	9K	14K	产品	广告	9K	14K	产品	广告	9K	14K	产品	广告	9K	14K	产品	广告	9K	14K
P1				P1				P1				P1				P1				P1			
P2				P2				P2				P2				P2				P2			
P3				P3				P3				P3				P3				P3			
P4				P4				P4				P4				P4				P4			

第1年亚洲				第2年亚洲				第3年亚洲				第4年亚洲				第5年亚洲				第6年亚洲			
产品	广告	9K	14K	产品	广告	9K	14K	产品	广告	9K	14K	产品	广告	9K	14K	产品	广告	9K	14K	产品	广告	9K	14K
P1				P1				P1				P1				P1				P1			
P2				P2				P2				P2				P2				P2			
P3				P3				P3				P3				P3				P3			
P4				P4				P4				P4				P4				P4			

第1年国际				第2年国际				第3年国际				第4年国际				第5年国际				第6年国际			
产品	广告	9K	14K	产品	广告	9K	14K	产品	广告	9K	14K	产品	广告	9K	14K	产品	广告	9K	14K	产品	广告	9K	14K
P1				P1				P1				P1				P1				P1			
P2				P2				P2				P2				P2				P2			
P3				P3				P3				P3				P3				P3			
P4				P4				P4				P4				P4				P4			

附表 2-91 广告登记表

G　　　　　G　　　　　G　　　　　G　　　　　G　　　　　G

第1年本地				第2年本地				第3年本地				第4年本地				第5年本地				第6年本地			
产品	广告	9K	14K	产品	广告	9K	14K	产品	广告	9K	14K	产品	广告	9K	14K	产品	广告	9K	14K	产品	广告	9K	14K
P1				P1				P1				P1				P1				P1			
P2				P2				P2				P2				P2				P2			
P3				P3				P3				P3				P3				P3			
P4				P4				P4				P4				P4				P4			

第1年区域				第2年区域				第3年区域				第4年区域				第5年区域				第6年区域			
产品	广告	9K	14K	产品	广告	9K	14K	产品	广告	9K	14K	产品	广告	9K	14K	产品	广告	9K	14K	产品	广告	9K	14K
P1				P1				P1				P1				P1				P1			
P2				P2				P2				P2				P2				P2			
P3				P3				P3				P3				P3				P3			
P4				P4				P4				P4				P4				P4			

第1年国内				第2年国内				第3年国内				第4年国内				第5年国内				第6年国内			
产品	广告	9K	14K	产品	广告	9K	14K	产品	广告	9K	14K	产品	广告	9K	14K	产品	广告	9K	14K	产品	广告	9K	14K
P1				P1				P1				P1				P1				P1			
P2				P2				P2				P2				P2				P2			
P3				P3				P3				P3				P3				P3			
P4				P4				P4				P4				P4				P4			

第1年亚洲				第2年亚洲				第3年亚洲				第4年亚洲				第5年亚洲				第6年亚洲			
产品	广告	9K	14K	产品	广告	9K	14K	产品	广告	9K	14K	产品	广告	9K	14K	产品	广告	9K	14K	产品	广告	9K	14K
P1				P1				P1				P1				P1				P1			
P2				P2				P2				P2				P2				P2			
P3				P3				P3				P3				P3				P3			
P4				P4				P4				P4				P4				P4			

第1年国际				第2年国际				第3年国际				第4年国际				第5年国际				第6年国际			
产品	广告	9K	14K	产品	广告	9K	14K	产品	广告	9K	14K	产品	广告	9K	14K	产品	广告	9K	14K	产品	广告	9K	14K
P1				P1				P1				P1				P1				P1			
P2				P2				P2				P2				P2				P2			
P3				P3				P3				P3				P3				P3			
P4				P4				P4				P4				P4				P4			

8

附表 2-92 广告登记表

H　　　　　H　　　　　H　　　　　H　　　　　H　　　　　H

第1年本地				第2年本地				第3年本地				第4年本地				第5年本地				第6年本地			
产品	广告	9K	14K	产品	广告	9K	14K	产品	广告	9K	14K	产品	广告	9K	14K	产品	广告	9K	14K	产品	广告	9K	14K
P1				P1				P1				P1				P1				P1			
P2				P2				P2				P2				P2				P2			
P3				P3				P3				P3				P3				P3			
P4				P4				P4				P4				P4				P4			

第1年区域				第2年区域				第3年区域				第4年区域				第5年区域				第6年区域			
产品	广告	9K	14K	产品	广告	9K	14K	产品	广告	9K	14K	产品	广告	9K	14K	产品	广告	9K	14K	产品	广告	9K	14K
P1				P1				P1				P1				P1				P1			
P2				P2				P2				P2				P2				P2			
P3				P3				P3				P3				P3				P3			
P4				P4				P4				P4				P4				P4			

第1年国内				第2年国内				第3年国内				第4年国内				第5年国内				第6年国内			
产品	广告	9K	14K	产品	广告	9K	14K	产品	广告	9K	14K	产品	广告	9K	14K	产品	广告	9K	14K	产品	广告	9K	14K
P1				P1				P1				P1				P1				P1			
P2				P2				P2				P2				P2				P2			
P3				P3				P3				P3				P3				P3			
P4				P4				P4				P4				P4				P4			

第1年亚洲				第2年亚洲				第3年亚洲				第4年亚洲				第5年亚洲				第6年亚洲			
产品	广告	9K	14K	产品	广告	9K	14K	产品	广告	9K	14K	产品	广告	9K	14K	产品	广告	9K	14K	产品	广告	9K	14K
P1				P1				P1				P1				P1				P1			
P2				P2				P2				P2				P2				P2			
P3				P3				P3				P3				P3				P3			
P4				P4				P4				P4				P4				P4			

第1年国际				第2年国际				第3年国际				第4年国际				第5年国际				第6年国际			
产品	广告	9K	14K	产品	广告	9K	14K	产品	广告	9K	14K	产品	广告	9K	14K	产品	广告	9K	14K	产品	广告	9K	14K
P1				P1				P1				P1				P1				P1			
P2				P2				P2				P2				P2				P2			
P3				P3				P3				P3				P3				P3			
P4				P4				P4				P4				P4				P4			

附录三　认知沙盘教具

一、灰币

灰币代表资金,每个灰币代表 1 W(万元),如附图 3-1 所示。

附图 3-1　灰币

二、彩币

彩币代表原材料,按从左往右的顺序:第 1 个(红色)为 R1 原材料;第 2 个(橙色)为 R2 原材料;第 3 个(蓝色)为 R3 原材料;第 4 个(绿色)为 R4 原材料,如附图 3-2 所示。

彩币

附图 3-2　彩币

三、空桶

空桶在财务中心代表银行贷款,每桶 20 W(万元);空桶在物流中心代表原材料订单,1 个空桶代表 1 个原材料采购订单。空桶也用作灰币、彩币的容器,如附图 3-3 所示。

附图 3-3　空桶

四、产品/在制品

生产线加工未完成的称为在制品,完工入库的称为产品。产品/在制品由不同的原材料和加工费构成,每个原材料的购置费用是 1 W(万元),每个产品的加工费都是 1 W(万元),如附图 3-4 所示。

附图 3-4　产品/在制品

五、产品标识

企业可以选择 P1、P2、P3、P4 四种产品进行研发和生产。每条生产线生产哪种产品,就将相应的产品标识放置在该生产线下方的产品标识处,如附图 3-5 所示。

| P1产品 | P2产品 | P3产品 | P4产品 |

附图 3-5　产品标识

六、产品研发资格标识

企业可供选择的生产或研发的产品种类有四种,分别为 P1、P2、P3、P4 产品。产品研发完成后,获得产品生产资格,相应的生产资格标识放置在营销与规划中心,如附图 3-6 所示。

附图 3-6　产品研发资格标识

七、生产线

企业可以选择四种类型的生产线:手工生产线、半自动生产线、全自动生产线和柔性生产线。不同生产线的生产效率及灵活性不同,如附图 3-7 所示。

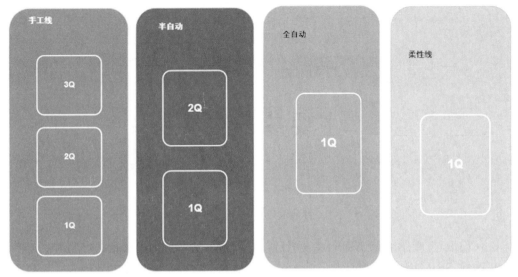

附图 3-7 生产线

八、市场准入标牌

企业可以选择开拓进入的市场共有五个,分别是本地市场、区域市场、国内市场、亚洲市场和国际市场。市场开拓完成后,获得该市场的准入资质,将相应的市场准入标牌放置在营销与规划中心,如附图 3-8 所示。

附图 3-8 市场准入标牌

九、ISO 资格标牌

部分市场产品订单需要相关国际认证才能获得,企业可以选择获得的国际认证,包括 ISO9000 质量认证和 ISO14000 环境认证,如附图 3-9 所示。

附图 3-9 ISO 资格标牌

8

主要参考文献

[1] 何晓岚,金晖.商战实践平台指导教程[M].北京：清华大学出版社,2012.
[2] 张前.ERP 沙盘模拟原理与实训[M].2 版.北京：清华大学出版社,2017.

感谢您使用本书。为方便教学，我社为教师提供资源下载、样书申请等服务，如贵校已选用本书，您只要关注微信公众号"高职财经教学研究"，或加入下列教师交流QQ群即可免费获得相关服务。

"高职财经教学研究"公众号

资源下载：点击"**教学服务**"—"**资源下载**"，或直接在浏览器中输入网址（http://101.35.126.6/），注册登录后可搜索相应的资源并下载。（建议用电脑浏览器操作）

样书申请：点击"**教学服务**"—"**样书申请**"，填写相关信息即可申请样书。

试卷下载：点击"**教学服务**"—"**试卷下载**"，填写相关信息即可下载试卷。

样章下载：点击"**教材样章**"，即可下载在供教材的前言、目录和样章。

师资培训：点击"**师资培训**"，获取最新会议信息、直播回放和往期师资培训视频。

🎯 联系方式

会计QQ3群：473802328　　会计QQ2群：370279388　　会计QQ1群：554729666

（以上3个会计QQ群，加入任何一个即可获取教学服务，请勿重复加入）

联系电话：（021）56961310　　电子邮箱：3076198581@qq.com

🎯 在线试题库及组卷系统

我们研发有10余门课程试题库："基础会计""财务会计""成本计算与管理""财务管理""管理会计""税务会计""税法""审计基础与实务"等，平均每个题库近3000题，知识点全覆盖，题型丰富，可自动组卷与批改。如贵校选用了高教社沪版相关课程教材，我们可免费提供给教师每个题库生成的各6套试卷及答案（Word格式难中易三档，索取方式见上述"试卷下载"），教师也可与我们联系咨询更多试题库详情。